校园中的交际礼仪

本书编写组◎编

XIAOYUAN ZHONG
DE JIAOJI LIYI

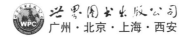

世界图书出版公司
广州·北京·上海·西安

图书在版编目（CIP）数据

校园中的交际礼仪／《校园中的交际礼仪》编写组
编．—广州：广东世界图书出版公司，2010.4（2024.2 重印）
ISBN 978－7－5100－2028－5

Ⅰ．①校… Ⅱ．①校… Ⅲ．①人间交往－礼仪－青少
年读物 Ⅳ．①C912.1－49

中国版本图书馆 CIP 数据核字（2010）第 049984 号

书　　名	校园中的交际礼仪
	XIAOYUAN ZHONG DE JIAOJI LIYI
编　　者	《校园中的交际礼仪》编写组
责任编辑	韩海霞
装帧设计	三棵树设计工作组
出版发行	世界图书出版有限公司　世界图书出版广东有限公司
地　　址	广州市海珠区新港西路大江冲 25 号
邮　　编	510300
电　　话	020-84452179
网　　址	http://www.gdst.com.cn
邮　　箱	wpc_gdst@163.com
经　　销	新华书店
印　　刷	唐山富达印务有限公司
开　　本	787mm×1092mm　1/16
印　　张	13
字　　数	160 千字
版　　次	2010 年 4 月第 1 版　2024 年 2 月第 11 次印刷
国际书号	ISBN　978-7-5100-2028-5
定　　价	49.80 元

前　言

　　中国作为一个具有悠久文化的文明古国，素有"礼仪之邦"的美称，讲究礼仪的目的是为了实现社会交往各方的互相尊重，从而达到人与人之间关系的和谐。在现代社会，礼仪可以有效地展现施礼者和受礼者的教养、风度与魅力，它体现着一个人对他人和社会的认知水平、尊重程度，是一个人的学识、修养和价值的外在表现。一个人只有在尊重他人的前提下，自己才会被他人尊重，人与人之间的和谐关系，也只有在这种互相尊重的过程中，才会逐步建立起来。

　　几千年的人类文明史证明，人们对文雅的仪风和悦人的仪态一直孜孜以求。而今，随着现代社会人际交往的日渐频繁，人们对个人的礼仪更是倍加关注。从表面看，个人礼仪仅仅涉及个人穿着打扮、举手投足之类无关宏旨的小节小事，但小节之处显精神，举止言谈见文化。个人礼仪，作为一种社会文化，不仅涉及个人，而且事关全局。若置个人礼仪规范而不顾，自以为是，我行我素，必然授人以笔柄，小到影响个人的自身形象，大到足以影响社会组织乃至国家和民族的整体形象。因此，学生学习礼仪应当从校园礼仪学起和做起。

　　礼仪是在人际交往中，以一定的、约定俗成的程序、方式来表现的律己、敬人的过程，涉及穿着、交往、沟通、情商等内容。从个人修养的角

度来看，礼仪可以说是一个人内在修养和素质的外在表现。从交际的角度来看，礼仪可以说是人际交往中适用的一种艺术，一种交际方式或交际方法，是人际交往中约定俗成的示人以尊重、友好的习惯做法。"礼"是制度、规则和一种社会意识观念；"仪"是"礼"的具体表现形式。礼者，敬人也，即尊重他人；仪者，度也，即尺度。所以对礼仪的理解可以是：礼仪，恰到好处地表示您对他人的尊重。

一个社会的公共文明水平，可以折射出一个社会一个国家的文明程度，公共文明又建立在个人的道德修养水平之上。个人文明礼仪是根、是本。良好的礼仪习惯的形成，可以转化为一个人内在的性格、情操，形象礼仪不仅涉及个人的自身形象，而且事关学校社会乃至国家和民族的整体形象。

本书分校园中的个人交际礼仪、校园中的交际礼仪、校园礼仪心理、学习现代礼仪、礼仪误区与测试五章内容来讲述校园社交礼仪的各个方面，是一本全面阐述学生交际礼仪的书籍。做事先做人，做人先知"礼"。希望读者通过阅读本书，能够提高个人修养，真正做到知书达"礼"会做人。

目 录
Contents

第一章　校园中的个人礼仪

个人礼仪是社会个体的生活行为规范与待人处世的准则，是个人仪表、仪容、言谈、举止、待人、接物等方面的个体规定，是个人道德品质、文化素养、教养良知等精神内涵的外在表现。其核心是尊重他人，与人友善，表里如一，内外一致。

我们今天所提倡的个人礼仪是一种文明行为标准，其在个人行为方面的具体规定，无一不带有社会主义精神文明高尚而诚挚的特点。讲究个人礼仪是社会成员之间相互尊重、彼此友好的表示，这也是一种德，是一个人的公共道德修养在社会活动中的体现。

第一节　什么是个人礼仪

我们强调个人礼仪，倡导现代文明，旨在提高个人礼貌素养。强化公民的文明观念。良好的礼仪风范，出众的形象风采，是我们自尊、尊人之本，更是我们立足、立业之源。

一、个人礼仪的内涵

"行为心表，言为心声"是众所周知的，个人礼仪如果不以社会主义公德为基础，以个人品格修养、文化素养为基础，而只是在形式上下工夫，势必事与愿违。因为它无法从本质上表现出对他人的尊敬之心、友好之情，因而也就不可能真正地打动对方、感染对方，增进彼此间的友谊，融洽彼此间的关系。那些故作姿态、附庸风雅而内心不懂礼、不知礼的行为，或

1

人前人后两副面孔的假文明、假斯文行径均属"金玉其外，败絮其中"者所为，众人将对此嗤之以鼻。"诚于中则形于外"，只有内心具备了高尚的道德情操，才能有风流儒雅的风度，只有有道德、有修养、有文化、有学识的人才能"知书达礼"，才能严于律己，宽以待人，自觉按社会公德行事，才能懂得尊重别人就是尊重自己，懂得遵守并维护社会公德就是为自己创造一个文明知礼、轻松愉快的生活环境的道理，才能真正成为明辨礼与非礼之界限的社会主义文明之人。

对个人来说，个人礼仪是文明行为的道德规范与标准；就国家而论，个人礼仪乃属一种社会文化，它是构成社会主义精神文明的基本要素，也是一个国家文化与传统的象征，更是一国治国教民的经典。素有"礼仪之邦"美誉的中国，从古至今一直就十分崇尚"礼"，也极为重视礼仪教化。历代君主、诸路圣贤均把礼仪视作一切的准绳，认为一切应以礼为治，以礼为教。

关于个人礼仪与社会文明的问题，我们的先人也有过不少的论述。如《论语·为政》中说："道之以政，齐王以刑，民免而无耻；道之以德，齐王以礼，有耻且格。"其大意为：用政权推行一种"道"，并用刑律惩处违"道"者，老百姓想的是如何逃避惩处而不看行为的对错和荣辱，用德来推行"道"，以礼教化人民，老百姓懂得对错、荣辱，并会自觉地遵守之。这十分清楚地说明了在古代，人们对个人礼仪所产生的社会效应就有了较为深刻的理解，《天子》中的"礼仪谦耻，国之四维"，更明白、直接地将"礼"列为立国四精神要素之首，也可见其突出的社会作用。无数事实证明了个人礼仪对一个社会的净化与美化起着积极的作用。个人礼仪所形成的一种具有较强约束力的道德力量，使每一位社会成员能够自觉按社会文明的要求，调整行为，唾弃陋习，最终将自己的言行纳入符合时代之礼的轨道，以顺应社会发展的潮流。可以说，个人礼仪从一个侧面也反映了一个社会的文明程度。

由此可见，个人礼仪不仅是衡量一个人道德水准高低和有无教养的尺度，而且也是衡量一个社会、一个国家文明程度的重要标志。

二、个人礼仪的基本特征

个人礼仪的基本特征概括起来讲有 5 个方面：

1. 以个人为支点

个人礼仪是对社会成员个人自身行动的种种规定，而不是对任何社会组织或其他群体行为的限定。但由于每个群体都是由一定数量的个体所组成的，每一个社会组织也都是由一定数量的组织成员所构成的。

因此，个人行为的良好与否将直接影响着任一群体、社会组织乃至整个社会的生存与发展。从此意义看，我们强调个人礼仪，规范个人行为，不仅是为了提高个人自身的内在涵养，更重要的是为了促进社会发展的有序与文明。

2. 以修养为基础

个人礼仪不是简单的个人行为表现，而是个人的公共道德修养在社会活动中的体现，它反映的是一个人内在的品格与文化修养。若缺乏内在的修养，个人礼仪对个人行为的具体规定，也就不可能自觉遵守、自愿执行。只有"诚于中"方能"行于外"，因此个人礼仪必须以个人修养为基础。

3. 以尊敬为原则

在社会活动中，讲究个人礼仪，自觉按个人礼仪的诸项规定行事，必须奉行尊敬他人的原则。"敬人者，人恒敬之"，只有尊敬别人，才能赢得别人对你的尊敬。在社会主义条件下，个人礼仪不仅体现了人与人之间的相互尊重和友好合作的新型关系，而且还可以避免或缓解某些不必要的个人或群体的冲突。

4. 以美好为目标

遵循个人礼仪，尊重他人的原则，按照个人礼仪的文明礼貌标准行动，是为了更好地塑造个人的自身形象，更充分地展现个人的精视风貌。个人礼仪教会人们识别美丑，帮助人们明辨是非，引导人们走向文明，它能使个人形象日臻完美，使人们的生活日趋美好。因此，我们说，个人礼仪是以"美好"为目标的。

5. 以长远为方针

个人礼仪的确会给人们以美好，给社会以文明，但所有这一切，都不可能立竿见影，也不是一日之功所能及的，必须经过个人长期不懈的努力和社会持续不断的发展，因此，对个人礼仪规范的掌握切不可急于求成，

更不能有急功近利的思想。

三、个人礼仪的培养与形成

我们已知道，良好的个人礼仪、规范的处事行为并非与生俱来，也非一日之功。是靠后天不懈努力和精心教化才能逐渐地形成。因此，可以说个人礼仪由文明的行为标准真正成为个人的一种自觉、自然的行为的过程是一个渐变的过程。而完成这种变化则需要三种不同的力量，即：个人的原动力，教育的推动力以及环境的感染力。

1. 个人的原动力

个人的原动力，亦称个人的主观能动性，它是人的行为和思想发生变化的根本条件，也是人提高自身素质，形成良好礼仪风范的基本前提。

作为社会个体，我们每个人只有首先具备了勇于战胜自我，不断完善自身的思想意识，才能发挥自己的主观能动性，行动中才可能表现出较强的自律性，自觉克服自身的不良行为习惯，自觉抵御外来的失礼行为，与此同时，努力学习，不断进取，使个人礼仪深植人心，真正成为优良个性品质的重要组成部分。所以说，个人礼仪的形成需要个人的原动力，需要个人的自律精神。

2. 教育的推动力

教育是社会发展之母，教育也是个人成才之父。教育使我们知道谁是谁非，扬善抑恶，更使我们懂得知书达礼，行善积德。古人以"玉不琢，不成器；木不雕，不成材"来说明教育对人的重要。教育的这种神奇功力，对个人礼仪的培养与形成同样也有必不可少的作用。

个人礼仪的教育培养就是培养人们提高对礼仪的认识、陶冶讲究礼仪的情操，锻炼讲究礼仪的意志，确立讲究礼仪的信念以及养成讲究礼仪的习惯。这是塑造人们精神面貌的系统工程，需要教育者与受教育者的共同努力。其中教育者对受教育者的引导、指点和言传身教是至关重要的，它能使受教育者从中得到真正的感悟，进而提高自身内在的素质。

虽然个人礼仪的形成如积跬步而致千里，积小流而成江河，但教育在这个循序渐进的过程中确实起到推波助澜的作用，这是任何人都无法否定的。

3. 环境的影响力

人是社会的动物，不能离群索居。个人行为的变化，个人礼仪的形成，除了自身的主观能动力和教育的推动力外，还要受到个人所处的社会环境的影响。"近朱者赤，近墨者黑"，正是说明社会环境条件与个人思想、行为的变化密切相关。

不同的环境造就不同的人，生活环境对人的感染和影响是潜移默化的，如果一个人长期在文明程度较低的社会环境中生活，耳濡目染，就会被打上落后、愚昧的烙印；而一个在高度文明、发达的社会环境中成长的人，其思想与行为的文明性、先进性也相对会比较高。可见，环境对人的思想、行为，尤其是对个人礼仪的形成和影响作用是毋庸质疑的。

四、加强个人礼仪修养的现实意义

如果说，个人礼仪的形成和培养需要靠多方的努力才能实现的话，那么个人礼仪修养的提高则关键在于自己。个人礼仪修养即社会个体以个人礼仪的各项具体规定为标准，努力克服自身不良的行为习惯，不断完善自我的行为活动。从根本上讲，个人礼仪修养就是要求人们通过自身的努力，把良好的礼仪规范标准化作个人的一种自觉自愿的能力行为。今天，强调个人礼仪修养有着极为重要的现实意义。

具体表现在：

1. 加强个人礼仪修养有助于提高个人素质，体现自身价值

"金无足赤，人无完人"是人所共知的。然而现实生活中，人们却都在以各种不同的方式追求着自身的完美，寻找通向完美的道路。争当"名牌"人，强调"外包装"者有之；注重"脸蛋靓"、在乎"身段好"者也有之，但这些均不足以使人发生美的质变。费时费力费钱财之后，不仍有不少人依然是"败絮其中"吗？

我们认为，只有将内在美与外在美统一于一身的人才称得上唯真唯美，才可冠以"完美"二字。加强个人礼仪修养是实现完美的最佳方法，它可以丰富人的内涵，增加人的"含金量"，从而提高自身素质的内在实力，使人们面对纷繁社会时更具勇气，更有信心，进而更充分地实现自我。

2. 加强个人礼仪有助于增进人际交往，营造和谐友善的气氛

人称个人礼仪是人际交往的"润滑剂"。作为社会的人，我们每天都少不了与他人交往，假如你不能很好与人相处，那么在生活中、事业上就会寸步难行，一事无成。俗话说："礼多人不怪"。

人际交往，贵在有礼。加强个人礼仪修养，处处注重礼仪，恰能使你在社会交往中左右逢源，无往不利；使你在尊敬他人的同时也赢得他人对你的尊敬，从而使人与人之间的关系更趋融洽，使人们的生存环境更为宽松，使人们的交往气氛更加愉快。

3. 加强个人礼仪有助于促进社会文明，加快社会发展进程

人与社会密不可分，社会是由个人组成的，文明的社会需要文明的成员一起共建，文明的成员则必须要用文明的思想来武装，要靠文明的观念来教化。个人礼仪修养的加强，可以使每位社会成员进一步强化文明意识，端正自身行为，从而促进整个国家和全民族总体文明程度的提高，加快社会的发展。

"国家兴亡，匹夫有责"，在改革开放不断深化之际，我们每一位社会公民都有理由以自觉加强自身的品行修养（尤其是礼仪修养）为己任，一同投身于社会主义的两个文明建设之中。

第二节　态势语的设计运用

人类生来就富有动作性。当人采取行为的时候，伴随而来的就是动作与表情。从某种意义上说，动作与表情是行为的一种表达方式，它们以独特的信息形式直接显示着行为的意义。人们将这些能在一定程度上显示行为的意义，即能够表达人的思想感情的人体动作，诸如表情、手势、姿态、服饰等等，叫做体态语言，也叫无声语言、人体语言或态势语言。

一、不可低估的特殊价值

体态语直接诉诸人们的视觉器官，在人际交往过程中具有相当重要的意义。心理学家有一个有趣的公式：一条信息的表达 =7% 的语言 +38% 的

声音 +55% 的人体动作。这表明，人们获得的信息大部分来自视觉印象。因而美国心理学家艾德华·霍尔曾十分肯定地说："无声语言所显示的意义要比有声语言多得多。"体态语的独特的有形性、可视性和直接性，对于口才来说，具有不可低估的特殊价值。

1. 辅助有声语言更好地表情达意

毫无疑问，说话是一种有声语言活动。它诉诸听者的听觉器官，通过有声语言形式传递信息。但是，有声语言在表情达意上并不是没有局限的。它常常把所要表达的意思的一部分甚至大部分隐藏起来，造成所谓"言不经意"、"言不由衷"。

根据弗洛伊德的解释，这大概是经过理性加工的语言往往不能直率地表露一个人的深层心理和真实意向的缘故。从听者的角度来看，有声语言的这种无形性、隐藏性和间接性，往往叫他们难以"尽解人意"。因此，"仅依赖文字语言我们永远也不会明白一个人说话的完整含义"（伯德惠斯特尔）。

体态语能弥补有声语言的这些不足，它能通过有形可视的、具有丰富表现力的各种动作和表情，协助有声语言将内容准确无误地表达出来。视、听作用双管齐下，能给听者以完整、确切的印象。石油大王洛克菲勒深谙此理，他常利用钱币在桌上表演来说明工人与资本家的利益关系，给工人们留下很深的印象。专家们指出，医生在问诊时尤其要注意二者兼顾，这样才能给病人更有效的提示，从而获得确切的信息，作出准确的诊断。

不仅如此，体态语还能加强表达语气，显示出人的内在的情感和态度，使情绪、观点、意见无形中得到有力的强调。比如，教师运用一定的体态动作来教学，可以调节课堂气氛、突出教学重点、改善学生的信息接收率。

据美国心理学家调查，离学生远远的毫无表情毫无动作的讲课，学生只能接受其发出信息的 25%。如果使用直观教具（图表、字幕等），学生的信息接收率可提高到 40%～50%。若利用教鞭指着讲解，并配以恰当的手势、动作，学生的信息接收率可高达 75% 以上。

因此，口才作为一门语言艺术，不应只是单一的话语活动。在口才艺术中，口头语和体态语是相辅相成的。

2. 体现气质风度，塑造美的形象

体态语不但与有声语言互为补充，同时还使说话者以动态、直观的主体形象出现在听者的面前，给他们以直接的印象。体态语直接构成主体的体态形象，这种形象不仅仅是外观造型意义上的，它还鲜明地体现着主体的内在气质、风度和人格。

在日常生活的谈话中，人们的举手投足，一颦一笑，无不传递着大量的信息，显露出主体的思想感情、爱憎好恶和文化修养。因此，人们往往通过别人的体态动作去衡量别人的价值，同时也通过自己的动作和姿势来表现个人的风度。

体态语的设计和运用能大大增强这种美学效果，使谈话者声情并茂、形神皆备，使谈话者风度翩翩、仪态万方。有经验的口才家总是善于运用恰当、独特的体态动作来改善自己的形象。

据说美国前总统肯尼迪具有"超凡的魅力"，不管说什么，只要做几个姿势，就能把听众吸引住。他的身材并不算高，但他那精心设计过的姿势却总是能唤起一种形象高大的印象。肯尼迪的魅力可以说是体态的魅力，风度的魅力，气质的魅力。这种优美的体态风度能帮助谈话者建立良好的"第一印象"，使其形象符合对方的期待，一开始就从感觉上、心理上沟通了与对方交流的渠道。

二、五官四肢，各显神通

1. 手势

手势是人们在交往或谈话过程中用来传递信息的各种手势动作。它是人类最早使用的、至今仍被广泛运用的一种交际工具。在长期的社会实践过程中，手势被赋予了种种特定的含义，具有丰富的表现力，加上手有指、腕、肘、肩等关节，活动幅度大，具有高度的灵活性，手势便成了人类表情达意的最有力的手段，在体态语言中占有最重要的地位。

当前流行的看法把手势分作4种类型：

（1）情绪手势

情绪手势是伴随着说话人的情绪起伏发出的，常常用来表达或强调说话人的某种思想感情、情绪、意向或态度。比如，高兴时拍手称快，悲痛时捶打胸脯，愤怒时挥舞拳头，悔恨时敲打前额，犹豫时抚摸鼻子，着急时双手相搓，而用手摸后脑勺则表示尴尬、为难或不好意思，双手插腰表示挑战、示威、自豪，双手摊开表示真诚、坦然或无可奈何，扬起巴掌猛力往下砍或往外推，常常表示坚决果断的态度、决心或强调某一说词。

情绪手势是说话人内在情感和态度的自然流露，往往和表露出来的情绪紧密结合，鲜明突出，生动具体，能给听者留下深刻的印象。

（2）指示手势

指示手势是用来指示具体对象的手势动作。比如，用手指指自己的胸口，表示谈论的是自己或跟自己有关的事情；伸出一只手指向某一座位，是示意对方在该处就座。指示手势还可以用来指点对方、他人、某一事物或方向，表示数目、指示谈论中的某一话题或观点等。指示手势可以增强谈话内容的明确性和真切性，便于及时掌握听者的注意力。

（3）模拟手势

比划事物形象特征的手势动作叫做模拟手势。如抬起手臂比划张三的高矮，伸出拇指、食指构成一个圆圈比划鸡蛋的大小，抡起胳膊侧身往后模仿骑马。模拟手势在一定程度上能使听者如见其人，如临其境，由于它往往还带有一点夸张意味，因而极富感染力。

（4）象征手势

象征手势是表示抽象意念的一类手势动作。这种手势往往具有特定的内涵，使用十分普遍。第二次世界大战期间，英国首相丘吉尔推广的一种象征胜利的"V"型手势（伸出右手的食指和中指构成"V"形状，余指屈拢），19 世纪初风行于美国而后在欧洲被普遍采用的表示良好、顺利、赞赏等意思的"OK"手势（大拇指与食指构成一个圆圈，其他三指伸直张开），就是属于此类。

再如在我国，举起握成拳头的右手宣誓表示庄严、忠诚和坚定；少先队员们将右手举过头顶象征人民的利益高于一切；跷起大拇指表示称赞、夸奖；跷起小指表示贬斥、蔑视。象征手势能给谈话制造特定的气氛和情境，从而加强语言的表达效果。

必须指出，以上四类手势的划分并不是绝对的，有时一个手势可以包含几种意义。比如说到要去"拥抱明天，拥抱未来"可能会激动地撒开双手向前伸出，这既是一种情绪的自然流露，又带有指示或象征意味。

2. 表情

表情，即面部表情，是指头部（主要是脸部）各部位对于情感体验的反应动作。它与说话内容的配合最便当，因而使用频率比手势高得多。达尔文在《人类与动物的表情》一书中指出，现代人类的表情动作是人类祖先遗传下来的，因而人类的原始表情具有全人类性。这种全人类性使得表情成了当今社交活动中少数能够超越文化和地域的交际手段之一。

笑与无表情是面部表情的核心，任何其他面部表情都发生在笑与无表情两极之间。发生在此两极之间的其他面部表情都体现为这样两类情感活动表现形式：愉快（如喜爱、幸福、快乐、兴奋、激动）和不愉快（如愤怒、恐惧、果敢、痛苦、厌弃、蔑视、惊讶）。

愉快时，面部肌肉横位，眉毛轻扬、瞳孔放大，嘴角向上，面孔显短，所谓"眉毛胡子笑成一堆"；不愉快时，面部肌肉纵伸，面孔显长，所谓"拉得像个马脸"。

无表情的面孔，平视，脸几乎不动。无表情的面孔最令人窒息，它将一切感情隐藏起来，叫人不可捉摸，而实际上它往往比露骨的愤怒或厌恶更深刻地传达出拒绝的信息。

微笑，真诚的微笑是社交的通行证。它向对方表白自己没有敌意，并可进一步表示欢迎和友善。因此微笑如春风，使人感到温暖、亲切和愉快，它能给谈话带来融洽平和的气氛。

常用面部表情的含义：点头表示同意，摇头表示否定，昂首表示骄傲，低头表示屈服，垂头表示沮丧，侧首表示不服，咬唇表示坚决，撇嘴表示藐视，鼻孔张大表示愤怒，鼻孔朝人表示高兴，咬牙切齿表示愤怒，神色飞扬表示得意，目瞪口呆表示惊讶，等等。

眼神，眼神一向被认为是人类最明确的情感表现和交际信号，在面部表情中占据主导地位。"一身精神，具乎两目"。眼睛具有反映深层心理的特殊功能。据专家们研究，眼神实际上是指瞳孔的变化行为。瞳孔是受中枢神经控制的，它如实地显示着脑正在进行的一切活动。

瞳孔放大，传达正面信息（如爱、喜欢、兴奋、愉快）；瞳孔缩小，则传达负面信息（如消沉、戒备、厌烦、愤怒）。人的喜怒哀乐、爱憎好恶等思想情绪的存在和变化，都能从眼睛这个神秘的器官中显示出来。

因此，眼神与谈话之间有一种同步效应，它忠实地显示着说话的真正含义。与人交谈，要敢于和善于同别人进行目光接触，这既是一种礼貌，又能帮助维持一种联系，使谈话在频频的目光交接中持续不断。更重要的是眼睛能帮你说话。恋人们常常用眼神传递爱慕之情，特别是初恋的青年男女，使用眼神的频率一般超过有声语言。

有的人不懂得眼神的价值，以至于在某些时候感到眼睛成了累赘，于是总习惯于低着头看地板或盯着对方的脚，要不就"四顾左右而言他"，这是很不利于交谈和发挥口才的。要知道，人们常常更相信眼睛。

谈话中不愿进行目光接触者，往往叫人觉得企图掩饰什么或心中隐藏着什么事；眼神闪烁不定则显得精神上不稳定或性格上不诚实；如果几乎不看对方，那是怯懦和缺乏自信心的表现。这些都会妨碍交谈。

当然不能老盯着对方。英国人体语言学家莫里斯说："眼对眼的凝视只发生于强烈的爱或恨之时，因为大多数人在一般场合中都不习惯于被人直视。"长时间的凝视有一种蔑视和威慑功能，有经验的警察、法官常常利用这种手段来迫使罪犯坦白。因此，在一般社交场合不宜使用凝视。

研究表明，交谈时，目光接触对方脸部的时间宜占全部谈话时间的30%～60%，超过这一阈限，可认为对对方本人比对谈话内容更感兴趣，低于这一阈限，则表示对谈话内容和对对方都不怎么感兴趣。后二者在一般情况下都是失礼的行为。

但是集会中的独白式发言，如演讲、作报告、发布新闻、产品宣传等则不一样，因为在这些场合讲话者与听众的空间距离大、神阈广，必须持续不断地将目光投向听众，或平视，或扫视，或点视，或虚视，才能跟听众建立持续不断的联系，以收到更好的效果。

3. 腿姿

腿部虽属身体的下端，但它往往最先表露潜意识。谈话中，当人们不愿意把内心的焦躁不安明显地表露在脸上或者身体其他部位的大幅度动作上时，往往就用离开他人眼睛最远的部位来表达，即轻轻地摇动腿部或抖动腿部。因此，腿部也能表现人的情绪和意识。

不论坐着站着，腿部常常呈现出这样三种姿势：两腿分开、两腿并拢和两腿交叉。两腿分开是一种开放型姿势，显出稳定、自信，并有接受对方的倾向。两腿交叉是一种防御性姿势，往往显得害羞、忸怩、胆怯，或者随便散漫、不热情、不融洽，如站立时的别腿姿势，坐着时的架腿姿势（跷二郎腿）。

架腿姿势通常是控制消极情绪的人体信号，专家们说它"颇有不拘礼节的意味"（莫里斯），对于女性来说，这是一种不可取的姿势，这种毫无拘束的姿态或许会给人放肆、自大或过于随便的印象。两腿并拢的姿势则过于正经、严肃和拘谨，如立正、正襟危坐，虽然慎重其事，却令人紧张、压抑，自己也不舒服。

我们主张两腿分开的姿势。站立时，两腿张开，两脚平稳着地成"丁"字型（或平行相对，或一前一后），躯干伸直，不要屈膝和弯腰弓背，否则显得消极懒散，无精打采。坐宜端坐，即两腿稍稍分开，间距不超过肩宽（女性更要注意不过分叉开），腰板轻松地挺直，这样显得自然、从容，情绪饱满。当然，如果是朋友在一起，间或架架腿（女性则宜交叉脚踝），也无可厚非。

一般来说，在人多的场合宜站着讲话，这既是出于礼貌，对听众表示尊重，又便于发挥各种体态语的作用，充分显示你的气质、风度和力量。我国当代著名演讲家曲啸说："要想从语言、气质、神态、感情、意志、气魄等方面充分地表现演讲者的特点，也只有在站立的情况下才有可能。"

4. 服饰

服饰这种静止的无声语言，也是一种重要的体态信号，它无时无刻不在向世人展示主人的形象和风度。在社交活动中，得体的衣着打扮至少有这样四个作用：

（1）它能体现人的内在精神风貌、生活情趣和审美追求。

（2）这种文明的仪表能赢得对方的信任和尊重。现代心理的研究成果表明，服饰在建立"第一印象"的所有因素中占有最重要的地位，建立"第一印象"的顺序是：性别→年龄→服饰→容貌、姿态→表情→眼神→态度→允许接近范围→接触程度。

（3）美的服饰能使人的形象更加富有魅力。

（4）衣饰可以律心，心清则话明。成功的装束，可以增强自尊心，提高自信力。

因此，我们必须注意发挥服饰在社交和口才中的作用。一般地说，服装、发型、饰物、化妆等，都要以美观、大方、入时、合群为准则，既不可胡子拉碴、不修边幅，也不必浓妆艳抹，过分打扮，更不能奇装异服，不伦不类。

三、变化万端不逾矩

体态语在说话过程中具有特殊的表达功能。但是，它毕竟只是完成表达任务的手段，而不是说话所追求的最终目标。对于口才来说，体态语并没有独立价值，而只有辅助价值，在谈话过程中处于从属地位。正是这种从属地位决定了体态语的设计和运用必须由表达的内容、情绪、对象等因素的特点来决定。体态语的设计必须遵循以下几个基本原则：

1. 要服从内容表达的需要

这是体态语设计的根本宗旨。美国历史上有个叫雷布斯的政治家，他在伦敦作《关于劳工问题》的演说时，中途突然停了下来，取出怀表，站在那里望着听众足足有一分多钟。听众都觉得奇怪：怎么回事？难道忘了说辞？就在大家猜疑之际，他突然大声说道："诸位，方才大家都感到局促不安的72秒钟的时间，就是一个普通工人砌一块砖头所需要的时间。"大家恍然大悟。雷布斯的中途停顿动作的设计，既新颖别致，又生动深刻地表达了他在"劳工问题"上的思想和见解。

2. 要服从情绪表现的需要

任何表情动作都是人的内在情绪和感情的体现。体态语的设计必须合着感情的脉搏，服从情绪的支配，该哭则哭，该笑则笑，该怒则怒，该怨则怨，所有动作须随着说话情感的起伏自然而然地发出，切不可故作姿态，装模作样。

3. 要服从对象、场合的需要

无论表情、动作、姿态、衣饰都须考虑和适应特定的对象和场合。跟情人约会与会见同事时的衣着打扮和神态应该是有区别的；参加喜庆活动与参加悼念活动时的举止、仪态也应该不同。

4. 要服从审美的需要

体态动作直接作用于人们的视觉器官，美则令人悦目赏心，丑则令人反感厌恶。因而无论何时何地、坐着站着，一颦一笑、一招一式，都要注意造型美，以适应人们爱美的心理。一般来说，男尚阳刚，女尚温柔。在设计体态动作的时候，一定要注意体现出性别特征和个性特征。

男人要有男人的气质和风度：刚劲、强健、粗犷、潇洒；女人要有女人的柔情和风姿：温柔、细腻、娴静、典雅。阴阳怪气、不男不女以及轻佻的姿态、猥亵的神色、放荡的举止、粗痞下流动作、不合时宜或低级趣味的打扮等等，都是口才和审美的死敌。美是口才的形象，也是口才的境界。因而你的谈吐、举止，都须服从审美的需要。

四、自然真淳及其他

体态语的设计旨在协助有声语言更好地表达自己的思想感情，因而必须做到自然。自然是对体态语的第一位要求。动作要自然，自然见真淳。有的人说话时，动作生硬、刻板如木偶；有的人则刻意表演，动作和姿态总是那样做作，像在"背台词"。这都使人觉得别扭、不真实、缺乏诚意。孙中山曾这样告诫人们，"处处出于自然，"即使"有时词者严重"，也"不可故作惊人模样"，这样才能博得人们的信赖。因此有人说，宁要自然的雅拙，不要做作的乖巧。这不是没有道理的。

简洁明了。动作要大众化，举手投足要符合一般生活习惯，简洁明了，易于被人们看懂和接受。不要搞得繁琐复杂，拖泥带水，不要龇牙咧嘴、手舞足蹈地像在表演戏剧。否则，不仅会喧宾夺主，妨碍有声语言的正常表达，也叫听的人眼花缭乱，不知所以。要注意克服不良的习惯动作，无意义的多余的手势务必去掉。

适度适宜。所谓适度，即要求动作要适量，以不影响听者对你说话的注意力为度，不要用得过多。有的人做的动作比说的话还多，那不是口才，而是表演。所谓适宜，即要求动作必须与说话的内容、情绪、气氛协调一致，不要故作姿态、故弄玄虚甚至手口不一。据说美国前总统尼克松在一次招待会上举起双手招呼记者们站起来，嘴上却说："大家请坐。"使记者们大惑不解。于是，这一说话时动作与内容的不协调成了轶闻。

富有变化。说话时，适当的重复动作是完全必要的，它往往能重现或强调原来的情绪。但不要老重复一种姿势，如果一种表情、一种手势到底，则单调乏味，呆钝死板。因此，要善于随着内容、情绪的变化适当地变换动作和姿态，以期生动活泼、富有朝气和魅力。

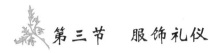

第三节　服饰礼仪

服装是人类心灵的一面镜子，每个人的穿着打扮，都展示着自己的审美力，表现着自己独特的内心世界和个性特征。美国一位研究服装史的学者曾指出："一个人在穿衣服和装扮自己时，就是在填一张调查表，写上了自己的性别、年龄、民族、宗教信仰、职业、社会地位、经济条件、婚姻状况等等。"

一、青少年的着装应展示个性美

1. 突出个性

服装简直成了一个人的性格、身份的形象化写照，既然服饰之美是一种个性美，那么，青少年的日常着装又怎样突出自我呢？

不要一味地效仿他人，盲目追时髦。穿着打扮喜欢追时髦，怕自己的着装落伍，这是当代青年的一个明显特点。这种求新爱美的心态是十分可贵的，但切忌不要脱离自身的条件去盲目追逐时尚，那样会扼杀了自己特有的个性、气质，甚至弄巧成拙。如近些年来，实用、摩登的牛仔裤风靡社会，成为广大青年喜欢的一种服装，男女青年普遍穿上了牛仔裤。

体态匀称、双腿修长的青年人穿上牛仔裤，自有一种豪放、潇洒的气派。而体形矮胖、腿短的人穿上，只能穿出形体上的不足，使短粗的双腿更加刺目。

日本有一段时期，妇女中流行穿超短裙，不管年老年少、身材胖瘦都争相穿上了这种裙子，许多身材矮胖的中老年妇女穿上后真是又难看、又滑稽。所以，不顾自身条件，盲目追时髦，是很难穿出美的效果的。

要使着装既新颖时髦又适身合体，就得因人而异地穿戴打扮，正确的做法正如意大利著名的影星索菲娅·罗兰所说的："跟着时装的潮流穿衣，当然是可以的。但请勿滥追潮流。你可以改造一下时新的式样，以适合你的特殊需要，重点在于你对自己穿的衣服要既合体，又显得合适。一旦你找到了真正适合你自己的式样，你的所有穿戴都可以它为标准。根据自己的情况穿衣吧!"

青年人的衣着打扮要顺乎自然，不应过分雕琢。青年人的着装应该纯美自然，表现出青春的朝气和活力。随着我国经济、文化和对外开放，有些青年在穿着打扮上追求以洋为美。个别女青年学着外国妇女的袒胸露背、画眉涂唇，把少女纯真妩媚的特征泯灭殆尽。

有的男青年，本身健美英俊，可在着装上喜欢仿效西方的"嬉皮士"，乱糟糟的头发披在肩上，服式怪诞、颜色多样，显得萎靡不振。这种不伦不类的打扮，毫无美感可言。这就告诉我们，服饰美是建立在民族生活的土壤之上的。青年人的着装只有顺乎自然、简洁大方，才能突出纯洁明朗、积极向上的精神风貌。

2. 服装配色的基本方法

服装给人的第一印象是色彩。人们经常根据配色的优劣来决定对服装的取舍，来评价穿着者的文化艺术修养。所以服装配色，是衣着美的重要一环。服装色彩搭配得当，可使人显得端庄优雅、风姿卓著；搭配不当，则使人显得不伦不类、俗不可耐。要巧妙地利用服装色彩神奇的魔力，得体地打扮自己，就要掌握服装配色的基本原理。

服装色彩的搭配，一般来说，有三种方法：

一是同种色相配。这是一种简而易行的配色方法。即：把同一色相，明度接近的色彩搭配起来。如深红与浅红、深绿与浅绿、深灰与浅灰等。这样搭配的上下衣，可以产生一种和谐、自然的色彩美。

二是邻近色相配。把色谱上相近的色彩搭配起来，易收到调和的效果。如红与黄、橙与黄、蓝与绿等色的配合。这样搭配时，两个颜色的明度与纯度最好错开。例如用深一点的蓝和浅一点的绿相配或中橙和淡黄相配，都能显出调和中的变化，起到一定的对比作用。

三是主色调相配。以一种主色调为基础色，再配上一两种或几种次要色，使整个服饰的色彩主次分明、相得益彰。这是常用的配色方法。采用这种配色方法需要注意：用色不要太繁杂、零乱，尽量少用、巧用。一般来说，男性服装不易有过多的颜色变化，以不超过3种颜色为好。女子常用的各种花型面料，色彩也不要过于堆砌，色彩过多，显得太浮艳、俗气。

不同色彩相配，常采用对比手法。在不同色相中，红与绿、黄与紫、蓝与橙、白与黑都是对比色。对比的色彩，既有互相对抗的一面，又有互相依存的一面，在吸引人或刺激人的视觉感官的同时，产生出强烈的审美效果。

因此，鲜艳的色彩对比，也能给人和谐的感觉。如红色与绿色是强烈的对比色，配搭不当，就会显得过于醒目、艳丽。若在红与绿衣裙间适当添一点白色、黑色或含灰色的饰物，使对比逐渐过渡，就能取得协调。或者红、绿双方都加以白色，使之成为浅红与浅绿，看起来就不那么刺眼了。

3. 服装配色要因人而异

首先，服装配色要与年龄、体型相协调。不同年龄的人，在穿着打扮上应各有特点。少年儿童天真烂漫、稚嫩可爱，在穿着上就要避免成人化。其服装的配色宜花哨自由，色彩鲜艳浓厚、对比强烈、明亮欢快。如大红、粉红、天蓝、嫩绿、明黄、象牙白等色彩适于童装。青年人朝气蓬勃、风华正茂。在服饰上应穿出自己的色彩，并突出青春美。一般来讲，青年人的服装用色应力求明快、鲜艳，宜选择彩度较纯的黄色、绿色以及海蓝、银灰、雪青、洋红等色。

身材矮胖的青年，不要穿色彩对比强烈的上下装及横条纹或大方格衣服，而应采用单色、明度对比不大的调和色。瘦长苗条的姑娘宜穿红色、黄、橙等暖色服装，因为明亮的暖色可使人显得丰满。身材高大的女青年，服装不宜采用大面积的鲜艳色彩，不宜穿上下一色的套装，要以一个基本色调为主，加以适当的色彩点缀，不宜穿竖条纹的衣服。

4. 其次服装配色要与肤色相协调

肤色白皙的人，在服色的选择上受限制较少，宜选择的颜色范围较宽，不论穿浅色衣服还是深色衣服都较为适宜，穿上浅色衣服显得莹洁、柔和、素雅；穿上深色服装则与白皙的皮肤形成对比，会使肤色显得更白净。

肤色较黑的人，一般不适宜穿黑色服装及素雅的冷色调和深暗色调的服装，如墨绿、绛紫、深棕、深蓝等色。因为穿着深色衣服，会显得黑粗、老相。应选用色彩浓艳的亮色，如橙色、明黄色等，即可衬托出黝黑肌肤富有健美感。或选用海蓝、翠绿、玫红、米色等浅色调的服装，可增添明朗感。肤色偏黄的人，不宜选择柠檬黄、白色、黑绿色、黑色及深灰色等，以避免脸色更焦黄，增加"病态"感。应该穿红色、粉红、米色或棕色服装。

二、服装款式的选择与搭配

1. 怎样选择服装款式

人的形体各有长短，天生完美无缺的人，现实中是难以寻觅的。一个人体型上或多或少的缺憾，完全可以通过巧妙的穿着打扮而扬其所长、避其所短。

体型较胖的人，服装款式要力求简洁、朴实。衣服要宽紧适度，不宜穿过分紧身的服装。裤的长度应略长一些。鞋和袜最好与衣服同色。宜穿上下同色的深色套服。女性不宜穿连衣裙。

形体瘦的人，应尽量减少露在外面的部分，穿长袖衬衫。长裤、长袖立领的连衫裙都较合适。女士应在胸前做些点缀，或打些褶。穿褶裙、喇叭裙也较合适。

肩部过宽的女性，不宜穿挑檐式肩袖的服装，应选择肩部款式平缓的服装，再配以 V 型领，可使肩部显得窄一些，窄肩体型的女子，适合穿浅色一字领上装。溜肩的女性，可选用全垫肩的款式以增加肩部的高度与宽度。挺括的西装和挑檐式肩袖的服装，都是较为理想的款式。

胸部扁平的女性，宜穿胸前加皱、胸前有兜的 T 恤衫，或短外套配蝴蝶结 T 恤衫，都有助于增添女性的魅力。

腰粗的人，应选肩部较宽的衣服，以产生肩宽腰细的效果。不要穿紧身裤，衣服应略为宽大而柔软些，行走时衣服形成自然的裥褶，曲折多姿，能产生一定的优美感。

腿较短的人，可以选择上衣较短，裤稍长的服装。腿较粗的人，宜穿上下同宽的深色直筒裤、过膝的直筒裙，不宜穿过紧的裤、太短的裙。

2. 不同场合下的着装艺术

青少年选配和穿着服装，还必须要适合不同地点和场合。在铺着丝绒地毯的豪华宾馆里，在辽阔葱绿的田野里，在琳琅满目的购物市场或喧闹的游乐场，着装应与环境相协调，穿出不同的形式和风格。假如穿着牛仔裤和套头 T 恤衫，进五星级宾馆参加盛宴，不但对主人来说是一种不礼貌，自己也会感到有损尊严而局促不安。

在悲哀的场合，若有人穿红着绿，浓妆艳抹，就会破坏肃穆的气氛，令人生厌。社交界对衣着穿戴非常敏感，尤其是与陌生人初次见面，人们往往会以貌取人，从衣着打扮上品评你的才能及人格。只有穿着打扮与环境相得益彰，才能展示出优雅、迷人的风度。

(1) 喜庆场合的穿戴

喜庆场合，一般指生日纪念、开学典礼、学校庆祝活动、联欢晚会、节假日游园、欢庆佳节等场合。其特点是人们心情愉快，气氛热烈。在这些场合，我们的穿戴也应该与之相协调，宜选择款式新颖活泼，色彩明快鲜艳的服装。诸如大红、粉红、金黄、柠檬黄、孔雀蓝、天蓝等色的服装，均能给欢乐的气氛更添喜色。女生可穿各式各样的裙子，戴上漂亮的发卡，披各种颜色的纱巾。男生可选择活泼的夹克衫，在胸前佩戴各种颜色的纪念章。少数民族学生还可身着民族盛装。但作为学生不能穿奇装异服。

(2) 庄重场合的穿戴

庄重场合，一般指庆典仪式、升旗仪式、参加宴会、迎宾等。这种场合，一般有较严格的礼仪要求，其气氛是庄重、肃穆的。在穿戴方面就不能随随便便。例如，参加升旗仪式时，衣着一定要整齐，所有扣子要扣上，拉锁要拉上，少先队员要佩戴好红领巾。所穿的衣服，式样要大方、稳重、合体。在庄重的场合，穿长裤时不能卷起裤边，不能穿短裤或背心，女性不能穿超短裙。女子不宜赤脚穿凉鞋。穿长筒袜子，袜口不要露在裙子外面。

(3) 悲哀场合的穿戴

悲哀场合，一般指在殡仪馆向亲友的遗体告别，参加亲友的葬礼或吊唁活动等。这种场合的气氛都比较肃穆。由于亲人去世，丧家的心情沉痛、悲哀。为了体现对死者的悼念和对丧家的同情，应选用黑色或其他深色、素色服装，内着白色或暗色衬衫，使之与庄重肃穆的气氛相和谐。在这种场合千万不能穿红着绿，浓妆艳抹。服装款式宜显庄重，不宜穿各类宽松服装或其他便服，不宜穿有花边、刺绣或飘带之类装饰物的服装，以免冲淡现场的气氛。穿着要规范、严整，不要敞衣露怀，不拘小节。

(4) 家常穿着

家庭小气候在许多方面取决于我们在家中穿着得漂亮和方便到什么程

度。家常衣服的审美水平正确无误地确定着我们的受教养程度，直接地影响到交际的水平和家庭关系的牢固程度。所有这一切都是互相联系的。有些人错误地认为，在家里可以穿得马马虎虎，说是反正没有人看见。这是对自己、对父母的不尊重，给弟弟妹妹作出坏榜样。

在家里穿着适宜是使我们自己的身心感觉良好所必需的。同时，家常衣服应当是这样的：穿上它可以在住所里方便地整理房间、做饭、修理鞋子和电器用具，以及工作之后进行休息。

3. 穿西装的讲究

西服产生于欧洲，造型优美，做工考究，无论男士还是女士穿着后都显得典雅大方，所以深受各国各界人士的喜爱。西服，作为西方普遍穿着的服装，有着悠久的历史。据考证，这种服装最早是中世纪欧洲马车夫的一种制服。而西服中最为庄重的黑色燕尾服，其开叉处正是当年马车夫为便于上马而留下的痕迹。

西服于清朝末年传入我国，成为西方文化的一种标志。改革开放以来，逐渐普及、流行，大有取代中山装，成为标准礼服的趋势。因此，在礼仪活动中，中学生也应该懂得西服的着装要求。

（1）挑选款式

西服的式样较多，各类西服看似大同小异，其实细部多有不同。从纽扣看，西服有双排扣、单排扣、三粒扣、两粒扣、一粒扣；从领型看，有大翻领、小翻领、平翻领等不同式样。人们可依据自己的审美眼光，选择款式新颖、适身合体的西服。

西服的穿着要受交际场合的制约。穿着的方法，一般是根据国外的礼节，按照正式、半正式和非正式等场合来分的。正式场合，如宴会、招待会、重大会议、婚丧事以及特定的晚间社交活动等，应穿西服套装，颜色以深色为宜，以示严肃、庄重、礼貌。半正式场合，如访问、较高级会议和白天举行的较隆重的活动，通常也应穿西服套装，取浅色或明度较高的深色为好。在非正式场合，如外出旅游、上街购物、访亲问友等活动。可以穿上下不配套的西服，宜选择款式活泼、明朗、轻便、华美的色调。

西服纽扣的系法也大有讲究，穿双排扣西服时，一般要将扣子全部扣上，否则，会使人觉得轻浮。双排六扣西服最上面两粒是样扣。单排两扣西服，穿着时一般只扣上扣，下面一粒扣算样扣。当然，也可全部不扣，以显潇洒、自由。单排三扣西服，只扣中间一粒或不扣，第一、三粒为样扣。至于一扣西服，扣与不扣均可。

（2）搭配领带。

领带的色彩应与西服、衬衫和谐相配。按照西服——衬衫——领带这三者的顺序，目前大多数男子采用的配色法是：深—浅—深，也有人采用浅——中浅或深——中浅的配色方法。不管选择哪种配色法，只要色彩搭配统一和谐，均能收到美的效果。身着黑色西服，系上紫红色或银灰色领带，配上白色或浅色衬衫，既高雅气派又庄重洒脱；深蓝色西服，可配扎艳蓝色、深玫瑰色或橙黄色领带，穿着白色或淡蓝色衬衫，浓淡相间，显得既稳重又活泼；若穿乳白色西服，最好选用红色为主，略带黑色或砖红色、黄褐色的领带，可给人以华贵典雅、风采动人之感。

（3）穿西服要讲究整体美

衬衫要保持整洁、无皱褶，衬衫的下摆必须塞在裤子里，还要顾及装饰物、鞋、袜等与西服的合理搭配。一般来说，穿西服不宜穿花袜子，以便保持端庄的风格。不能穿便鞋、塑料凉鞋或拖鞋，最好穿皮鞋，方可展示"西服革履"的风度美。西服的外袋，包括手巾袋和两侧的暗插袋，都是属于装饰性的衣袋，不宜放置过多的物品，否则很不雅观。

小件物品如钢笔、票夹等，都应存放在内插袋中（即封在内夹里的衣袋）。一般穿着西服的顺序是先戴领带，然后整理头发、穿鞋，最后穿西服；也可先梳理头发、穿鞋，然后系领带穿西服，但在系领带前必须将双手洗干净。

4. 服饰品的选择与佩戴

佩戴服饰品，成年人和青少年都喜欢。一件美丽的饰品可以使人更漂亮、更潇洒。因此，巧妙地使用服饰品，是构成衣着美不容忽视的点睛之笔。服装的附加物是很多的，从大的范围来说，可分为装饰和实用两种。耳环、手镯、戒指、项链、胸花等属于装饰一类。鞋子、袜子、帽子、腰带、皮包等属于实用一类。服饰与服装搭配得当，可给人平添几分魅力；搭配不当，便会失去装饰的功能。

服饰品选择的主要原则，是要从服装整体美着眼，使服饰品起到点缀、美化服装的功能。这就要求饰物应突出一些，能引人注目。一位穿着黑色西服的女子，配上一条艳红色的围巾，定会显得高雅动人。反之，若配上一条深暗色调的炭灰色或蓝色围巾，就会显得很混浊，起不到点缀的作用。另外，服饰品的佩戴要注意巧而精，切不可画蛇添足。要巧妙、合理地选择服饰品，还要考虑以下几点。

（1）选择具有对比色的服饰品，能组成动人的、个性化的着装。

以姑娘们喜欢的胸花为例，一般来说，衣服是淡色的，胸花宜选用鲜艳的颜色；如果衣服是深色的，胸花宜选用浅淡的颜色。春秋两季，女青年大多喜欢穿漂亮的羊毛衫，若穿一件玫瑰红色的羊毛衫，别一朵银白色的胸花，就能给人以活泼俏丽、艳而不俗的美感。

（2）服饰品与服装的式样、色调、风格要统一。

试想：穿着一身笔挺的西装，却趿拉着一双拖鞋；身着一件高贵的翻毛裘皮大衣，却戴了一顶绿军帽；穿着朴素的学生装，却挎上一个珍珠包——类似打扮是多么不协调啊！倘若穿西装时换上皮鞋，穿裘皮衣时配顶与之协调的裘皮帽，穿学生装的背上活泼的书包……那么，整体效果就好多了。

（3）装饰物要有利于弥补自己生理上的某些不足。

比如，双腿较短的人，服装与裤子、鞋最好选用同一种颜色，能给人以修长之感。脸大的人，最好不要戴太小的帽子，那样显得脸大头小。身材瘦小的戴一顶过大的帽子，也会给人头重脚轻之感。脖子较短的人，宜选用细长的项链；脖子细长的人，宜佩戴多层次或较短的项链。

（4）佩戴服饰品要因时、因地、因人制宜。

"因时"，就是根据季节变换服饰。不合时宜的服饰，不仅不符合人们的审美习惯，而且对身体健康也不利。如女性在严冬仍穿着短裙和单鞋，就毫无美感可言。在国外，一些庄重华丽的服装和闪光的饰物，是专为晚间活动时使用的，如果在白天穿戴就很不合适。"因地"，就是指佩戴服饰品要考虑不同场合。在晚会上或娱乐休息场所，可以打扮得漂亮一些；而在课堂上，就要讲究朴素整洁，不宜把自己打扮得珠光宝气。服饰品是服装美不可缺少的点缀，正确而有效地利用服饰品，才能为你的着装锦上添花。

三、少女的服装

所有的少女都希望穿着漂亮。但是他们中的每个人都按自己的看法来理解这一点。一个人认为，穿着漂亮就是要让自己身上挂满能给人以深刻印象的饰物，而且一定要像所喜爱的舞台歌星佩戴的那种光彩夺目的饰物；另一个则认为，只穿戴贵重的物品；第三个认为，要超时髦的进口货。但是真正穿得漂亮而且有审美力只是那种少女，她的装束不追求奇装异服，而是与她的年龄、状况、时尚和季节相适应。

1. 适合的就是最好的

怎样才能学会穿得漂亮呢？每个少女都应当挑选更适合她的脸部和体型的服装。而在时髦方面可遵循一条最简单的原则："凡是适合我穿的就是好的。"

女子的时髦不可比拟地要比男子丰富多彩得多：有瘦的和胖的式样，也有身材矮小的和身材高大的式样。所以少女在挑选服装方面比男青年表现出更大的兴趣和创造性。女子在服装方面能比男子更多地反映出穿衣人的个人风格和性格。

不妨回忆一下《灰姑娘》这本童话。灰姑娘给姐姐们缝制的衣服决不比仁慈的仙女给这个贫穷的姑娘创造出来的衣服差。但是她的姐姐却既懒惰又凶恶，而灰姑娘则始终是善良而笑容可掬的，因而王子作出了正确的评价。不是衣服取得成功，而是灰姑娘穿上了合身衣服取得了成功。

有些姑娘没有自己的爱好，却设法模仿女朋友的爱好，把自己打扮得和女朋友简直一模一样。于是这些穿着相同的孪生赶时髦姑娘就出现在街上和跳舞晚会上。她们通常是达不到所希望的目的，因为对一位姑娘合适的东西往往不为另一位姑娘所接受。这样的姑娘是做得对的：她在寻找自己的穿着风格而不急于穿戴这种或那种衣物，这只是因为有人在爱慕她，可是选配衣服则要选符合她的爱好的，当然也是符合现代要求的。她在实际执行着一条著名的真理，即女子只有一次生下就是美人的机会，但要成为有魅力的女子则有千万次的机会。要善于正确地穿衣，举止要庄重，不拱肩缩背，要明显表现出自己的自然从容的姿态和步履的轻盈。

有位当代的年轻姑娘在街上急匆匆地走路，看样子她是没有赶上剧院

或音乐会的场次。她身上穿着式样奇特的晚礼服，但穿得有点儿马虎，因为走得太快衣服的美丽线条给弄歪曲了，长袜上也满是褶痕。过路人发现了这种情况，但这位东施效颦的姑娘却天真地以为她的穿着雅致吸引了别人的注意。

并不是每个少女都适合穿短裤子的，特别是那些腿不够匀称的少女。有些少女穿了短裤子走路像个小孩儿，步子跨得很大，两手插在口袋里，这样不能给人以很好的印象。

少女在选择服装时要合时合地。工作服、节日盛装、家用服装、旅游服装——每种场合都不仅需要式样合适，而且颜色、色调也要合适。

不加考虑而汇集起来的不同颜色的衣物会造成一种色彩的大杂烩，从而证明它们的主人审美力不佳。衣服、鞋子、手提包、袜子、饰物——所有这些东西都要服从于色彩协调的要求。比如说，如果提包与衣服不"相称"，那末最好不用它。服装的亮度和色彩可通过附加装饰物来达到。但是完全没有必要所有的附加物全都选相同的一种颜色，例如，棕红色的鞋子、棕红色的帽子、棕红色的手提包、棕红色的手套。这比较难做到，而且也比较枯燥乏味。

2. 注意色彩搭配

众所周知，鲜红色适合金发女郎的脸，深红色适合黑发女郎的脸。大红色不能与橙黄色相配。黑色配黄色效果很好，但是若色彩对比强烈，就可能喧宾夺主，使自己黯然失色。白色、黑色、灰色几乎与所有其他的颜色都能协调。

对布料的花饰图案也要学会正确评价。大的花饰图案适合身材高的姑娘，小的花饰图案适合身材不高的姑娘。由竖条纹花布做成的衣服能使姑娘显得个子高些和苗条些；相反，由横条纹花布做成的衣服能使她显得稍胖些。

要学会根据色调来选配服装，需要培养自己的色彩协调感。最好是养成习惯去注意街上、剧院里、作客或工作中自己周围人们的衣服颜色的搭配方法，这样有助于培养自己对衣服的色调和色度的观察力。

如何选择合适的衣服？现成的方案是没有的。女子时髦是经常变化不定的。裙子往往是时而过短，时而又过长。衣服开头也经常变化，腰身时而放高、时而放低，要不然就根本没有腰身。鞋后跟也变化多端得令人惊奇，仿佛它老是不会磨损似的。只有一点是不必怀疑的：姑娘不必忧虑她的衣柜里要有尽量多的衣服，却要操心这些衣物的协调搭配，使之在色调上相得益彰。

没有必要去追求每一种新奇的时髦，不必冒失行事。最好是购买比较需要的、经常有用的，而且与您现有的衣物也能相配的衣物。

不过还是可以确定形成私人衣柜的两条基本规则：第一，衣服应当突出您的个性而且要实用；第二，要有几件质地好的衣服，这比经常购买廉价的东西更有利于衣服的长期使用。

为了使自己有把握地符合时髦和季节的要求水平，更充分地满足自己服装方面的更换和不单调的自然需求，您需要有一个混合的衣柜。这种衣柜便于放置诸如裙子、裤子，由不同颜色和不同毛料密度制成的各种式样的围巾等这样一些衣服。为了节日和隆重的事情，最好有几件式样比较讲究的、由珍贵料子做成的优质衣物。

学校毕业晚会上穿的衣服要能突出少女的青春魅力和最好的性格特征。它必定要浅色调的、不标新立异的而且也不太贵的。在授予毕业证书时要穿切口不深的、长袖的深色外衣或式样正规的套装。

去剧院、音乐会、节日晚会的服装取决于事情本身的性质。在剧院里笼罩着庄重的气氛，观众衣服的风格也应该适应这种气氛，露天音乐会是最时髦、最勇敢、最怪僻的场所。

出去作客可以穿休闲的外衣或套装。如果主人是俭朴的人，客人打扮得太过分可能会使主人感到受窘难堪。应当记住：作客晤面不是展示时髦的地方。

3. 不同场合穿着不同

在隆重的场合即使在炎热的夏季也可以穿长裤子。但是，穿着楚楚动人的时髦套装却不穿长裤而到场领取毕业证书的女大学毕业生，看起来就未必是有教养的人。也要根据穿着风格与色彩相配合的原则来选配衣服的附加物——头巾、贝雷帽、呢帽、手套、手提包、围巾、鞋子。如果您配合大衣、套装或连衣裙戴上呢帽（贝雷帽）和穿上长裤，那就一定要戴上手套——要配合衣服和鞋子的色调。

在衣柜里最好有大衣、大风衣、茄克衫、出门穿的服装、晚礼服、单薄的混合套装和连衣裙、家常衣服、运动服，以及裙子、裤子、衬衫、绒线衫、配合衣服色调的坎肩、手套、围巾、贝雷帽、软帽、头巾、呢帽——就是那样一些东西，穿上它们能轻松和舒适地生活，积极地工作和学习、休息和从事体育运动。

并不是每个姑娘都能在服装店里买到自己感兴趣的服装。因为在服装中重要的是它的上面有着一个人的独特的印痕。仔细地研究有关时髦的杂志，了解别人是怎样穿着的，姑娘最终总能找到自己的风格。

不要通过购置越来越新式的、时髦的衣物来充实服装，而要通过巧妙地更新您过去所穿的，比如说去年所穿的衣物来充实服装。当然这需要有一定的技巧、创造性的想象力、发明才能和时间相适应，否则对于想要始终成为有魅力的人来说，别无他。

对鞋子的主要要求方便。只要鞋子合脚，它就不仅能使我们更加美丽，而且还能给我们创造良好的情绪。反之"要是你的靴子嫌紧，那末世界广阔有什么好处呢?"——乌兹别克谚语这么说。

夏天穿女凉鞋很方便——轻松、漂亮、合乎卫生。这是相当普遍使用的鞋子——工作可用，节日也可用。

船鞋既雅致又优美。最好是真皮做的船鞋，白色的或黑色的——它们适合任何季节使用。高跟鞋能使女子的体型显得特别匀称。

秋天需穿结实、牢固的鞋子，厚底，宽而不太高的后跟。冬天通常穿厚底鞋或结实的中跟鞋。近年来，形状和颜色新奇的、由人造材料制成的低跟靴在青年人中间引为时髦。

小脚寸适合穿精致的、轻便的鞋子，但这种鞋子不要有任何装饰物：扣环、花结只会使它变得难看。薄而匀称的脚适合穿敞口的、轻便的鞋，低跟的、细长的靴子。相反，胖的脚适合穿盖住脚面的鞋、高帮鞋、宽后跟的靴子。但是，即使是最精致、最贵重的鞋，要是您不去爱惜它，它也不会使您的脚显得漂亮的。

四、男青年的服装

当代的男青年也应当搞清楚在工作、散步、作客或去看戏时应该怎样穿着，并力求有审美力地去做。男式的服装通常比女式的贵些，使用时间

26

也长些，所以在选择时应当好好考虑。每天穿的必须是深色调的、单色的或细条纹的、中等价格的西装。

1. 不同季节穿着不同

用于节日和其他隆重场合外出穿的服装是比较严肃的、深暗色调的。相反，夏天则需要浅色的西装。作为它的补充是上装和几条不同料子做成的时髦裤子。这样的衣服可以自由地变换，形成日常衣服的多样化和各部分协调相称的格局，有便于度过空闲时间——跳舞、作客、散步。

织物的色调和图案都选配得当的服装往往可穿着上班。例如，有不同颜色的条纹或方格图案的上装可与一种色调的裤子很好搭配。秋季和冬季，很适合穿由人造的或天然的料子制成的各种式样的茄克衫，戴贝雷帽、鸭舌帽或编织的帽子。无论怎样时髦，在这些季节最好是选配暖和的大衣、熟羊皮短皮袄、深色调的裤子。冬天在黑色大衣下面配上浅色裤子也许算有独创性，但却显得不自然和不切实际。花哨刺眼的男装会使男子失去非常重要的特征——阳刚之气。

夏季最好有薄的织物制成的轻便服装——浅色的、深色的、一种色调的或条纹的，这要取决于您所穿的衬衫和鞋子是什么色调。可以穿浅色的裤子和各种各样的衬衫、背心。

对服装色调的选择有影响的不仅是季节，还有一天的早晚和天气情况。黑色的西装穿的次数很少，主要是在隆重的场合和其他特殊的场合——在授予毕业证书、奖赏时，在听交响乐音乐会以及参加葬礼时。作为它的补充必须穿白色衬衫、黑色鞋子，参加送殡行列还应系黑色领带和穿黑色短袜。搭配衣服的一个重要组成部分是上衣。选择上衣时，除了时髦以外还要遵循自己的兴趣和实际的设想，同时要考虑到自己的身材和年龄。身材高大的男子比较适合穿长上衣，身材矮小的比较适合穿短的上衣。

选配裤子要注意不要太短，而且色调要适应您的大多数上衣、衬衫、大衣和茄克衫。运动衫和绒线衫很适合牛仔裤和绒布裤。深色的单一色毛料裤子几乎普遍适用，它适合于生活的各种场合。有条纹的裤子不应当看起来有点像睡裤。

2. 男性服饰搭配

上衣外面的胸前口袋里应当放些什么？对于这个简单的问题并不是每

个人都能作出正确的回答。我们经常地在这个口袋中放自来水笔、铅笔、小梳子、电车票，从而把自己的胸口变成了一个办公用品的陈列处。所有这些都应当藏入里面的口袋里。只能从外面的胸前口袋里看到白手帕的一个角，尤其是在隆重的场合。

在服装方面即使是最小的疏忽也能破坏整个的协调，所以必须非常仔细地选配它的必要的补充物。占首要地位的是衬衫。白色的衬衫对任何西装都适合，可以使西装样子很好看。当今的时髦认为也可以有不同的搭配：无论是西装和衬衫都可以由单一色调的料子或色调明显相反的料子制成。最好是让它们在色调上形成鲜明对照：西装的颜色越深，衬衫的颜色就越浅。穿晚礼服不能配上运动衫。酷热的夏日夜晚不一定要穿上黑色西装去看戏或去听音乐会，也可以穿浅色的西装。

领带对西装有很大的作用。它能使西装显得更加优雅，更鲜明地突出自己主人的个性特征。如果您有两三套西装，同样多的单独的上装以及几件单一色调的衬衫，那么给其中的每一件选配一条单独的领带是非常好的。

任何领带——方格的、带花点的、带小图案的或大图案的——对单一色的浅色衬衫都很合适。可就是对鲜艳的条纹衬衫或方格衬衫只有用单一色的领带才合适，过分鲜艳的领带不能证明审美力好。合成纤维制的领带只适合皮上装。对不塞入裤腰里的衬衫不需用领带。"蝴蝶式领结"只适用于隆重的场合。应当记住：只有在领带系得正确并且不下垂到腰带之下时，它才是装饰品。在穿脏的衬衫上即使最时髦的领带也会造成不好的印象。人们讽刺地嘲笑系着非常鲜艳、花哨的领带的人说，他不是领带的主人，而领带是他的主人。

要按西装的颜色和色调选配短袜。穿着白色的裤子和过分鲜艳的红色的、黄色的、绿色的短袜的男青年，看起来就有点古怪。

夏天男子可以穿凉鞋。但是在隆重的会面或节日晚会上通常总是可以穿习惯上常穿的鞋子。但是如果马马虎虎地选配鞋子，即使打扮得再好也会受到影响。所以穿晚礼服应当选配黑色和深褐色的鞋子。白色的、黄色的、淡棕色的鞋子适合浅色的和搭配穿的衣服。跳舞穿皮底鞋比较舒适。"平底"鞋和运动鞋只适合运动服、工作服。

怎样正确地穿鞋？杜姆巴泽的小说《永恒的法则》中的皮匠布利卡根据他的顾客怎样穿坏鞋子而得知他们的性格。规规矩矩的人使人相信，他的鞋子保护得很好而且磨损得也很均匀。目空一切的骄傲自大的人，他的鞋后跟往往磨歪得厉害，而鞋子里的短袜却几乎不受损坏。拍马屁的人却相反，他的鞋后跟几乎是完整的，而短袜却破了。

3. 不用盲目赶时髦

风雨衣、时髦的人造的麂皮的皮茄克衫、现代式样的皮大衣、人造毛的短外衣或冬季大衣，这些都是男子衣服的自然属性。在过去，男子秋季或冬季衣服要是没有帽子和手套是不可思议的。

现在，有些男青年学南方的一种时髦，冒严重感冒的风险，甚至在冬天也不戴帽子在街上走路。有许多人都戴运动帽，这种帽于对光亮的人造皮茄克衫很合适。有的人喜欢呢帽，他们选配与风雨衣或大衣同一种颜色的呢帽。脸部狭长的适合戴宽檐呢帽，脸部丰满的适合戴狭檐呢帽。

手套是秋季和冬季衣服不可短缺的配件。好的风度的规范要求：要是您配合风雨衣、大衣戴上帽子，尤其是呢帽，那就应当戴上手套，而不要把冻得发青的手藏在袖子里或衣袋里。

手帕要放在裤袋里。擤出鼻涕之后不要把它抖掉，也不要对着亮光细看，而要把手帕藏入裤袋。

爱惜自己声誉的男青年不会把自己的背带显示给人家看，即使它非常时髦。穿制服大衣或毛皮大衣戴呢帽、穿晚礼服配上足球衫、在上装里面穿短袖衬衫或围上厚的围巾，都同样是不雅观的。

衣服当然不会创造人。但它能说明一个人的许多方面：他有什么样的性格、爱好，他有什么样的文化水平。根据服装甚至可以判断出您是什么样的工作人员，日常生活中表现如何。遗憾的是，有时在博物馆、剧院里还会看到年轻人穿着比较适合工作或休息时穿的服装：穿旧了的裙子和裤子、拉长了的绒线衫、越野赛跑鞋。他们与其周围博物馆的室内布置和金光闪闪、五彩缤纷的剧院大厅形成了多么惊人的强烈对比。我们并不主张青年人非得穿一本正经的、严肃的衣服。但是每个姑娘和男青年最好在服装方面要有只用于某些隆重场合的节日礼服。

不妨回忆一下我们祖辈的习俗。他们的衣柜往往并不丰富。但是每逢节日就从箱子里拿出漂亮的、很值得欣赏的绣花衣服，这种衣服即使现在也会使我们惊叹。优秀的民间习俗是不应该忘掉的。

第四节　拜访与接待礼仪

出门拜访，以及接待客人，介绍客人，言谈举止等，都有不同的礼仪要求。懂得礼仪就不会闹出笑话。

一、拜访

1. 选择最好时机

《红楼梦》中刘姥姥第一次拜访荣国府时"天未明"就启程了，来到贾府，早饭后见到了专管"周旋迎待"的凤姐。坐下来后，刘姥姥首先表明是来"瞧瞧姑太太、姑奶奶"的，待"心神定定"后，才说明来意。凤姐早已猜着了几分。招待她一餐饭后，把"丫头们做衣裳的二十两银子"给了她。

大凡拜访人，都有着自己的目的。刘姥姥是为了讨银子，结果如愿以偿。这个乡下老婆子实现了自己的拜访目的，其中的奥妙不能不引人思索。首先，她选择了一个恰当的拜访时间，早饭后无疑是荣国府大忙人凤姐稍事休息的时间。刘姥姥才得以见面。拜访时间的选择对于实现拜访目的有很大的影响，

一般说来，清晨、吃饭、午休、深夜都不宜登门。其次，凤姐的心情好，也是刘姥姥实现拜访目的不可低估的因素。由于周瑞家从中周旋，再加上贾蓉来借"玻璃炕屏"时恭维了凤姐几句，她颇有几分得意，正是"得意浓时易接济"。看来，去拜访一个人，不能不考虑对方的心情。主人心情好，你会受到热情接待，也就有利于实现拜访目的。

2. 客人言谈三个"不"

客人的言谈举止得体，是实现拜访目的的关键。因为言谈举止是一个人素质的外在体现，它会使主人产生一种感情，或是高兴愉快，或是厌恶鄙夷。而在不同感情的影响下，对人对事会有不同的看法。在愉悦感情支配下，主人会尽力给你帮助，反之，你将被拒之门外。那么，客人的言谈举止应该怎样才恰当呢？

（1）寒暄不可少

有几位好朋友想到一个钓鱼的桥墩上去观看正在海湾中举行的划艇比赛，可几次都被警察挡住了，理由是那里钓鱼的人太多。这时，他们中的一位女同胞说："让我去试试。"她走到警察面前问问他太阳底下是否感到难受，对他工作的艰辛表示理解和同情。当警察说到自己如何喜欢钓鱼时，女同胞适时进言，表达了自己的愿望。警察终于开了绿灯。这位女同胞的成功在于她掌握了交谈的技巧，一种使自己处于有利地位的交谈技巧。

作为客人，也应掌握女同胞运用的"V型转换"谈话技巧，而寒暄正是这种技巧的具体体现。客人与主人交谈，首先不要进入实质性的问题，可先谈谈天气，问问主人小孩的学习情况，说说趣闻，关心关心他家老人的健康……待交谈气氛融洽时，也就是双方心理相容时，再慢慢说明来意。这样，定能使你乘兴而来，满载而归。所以说，要想稳操胜券，寒暄是不可少的。

（2）言谈不要散

主客寒暄之后，客人要适时进言，以免耽误主人过多的时间。一般来说，交谈时间以半个钟头为宜。这就要求客人用言简意赅的话语说明自己的来意。谈得太散，既浪费时间，又影响主旨的表达，有时还可能说些不该说的话。比如，询问主人的经济收入，评点一下他的家庭布置，或者对某个问题穷追不舍，等等。这些都可能引起主人的不快，并由此影响到拜访目的的实现。谈话没有节制是客人言谈之一忌。节制内容的同时，还必须节制音量。无所顾忌、高谈阔论，会搅乱主人家闲适而安静的生活。客人谈话要"调好音量旋扭"，千万不要敞开嗓门说话。

（3）体态语不宜多

民间流传着这么一个故事。有一个人进餐馆吃饭，吃完了才发现忘了带钱，但对老板说："老板，今天我忘了带钱，明天一定送来。"

老板连声说："行！行！"并恭敬地送他出门。

这件事被餐桌旁一个无赖看到眼里，他也想趁机捞点便宜。吃罢饭菜后，假装摸摸口袋，然后仿照前面那位顾客说了一通。谁知老板听后脸孔一板，揪住无赖，非要他交钱不可。无赖不服气地说："人家赊账可以，老子为什么不行？"

老板说："人家吃饭斯斯文文，吃完后还用手帕揩嘴，是个有德行的人，欠了钱一定会还来的。你呢？双脚蹬在凳子上狼吞虎咽，端起酒壶往嘴里灌，吃完用袖子揩嘴，一付无赖相。你不给我，我能放心吗？"

一席话说得无赖哑口无言，只好乖乖地付钱。店老板凭顾客的举止确定人的可信度。因为举止能反映一个人的思想与修养，蕴藏着美与丑。人们常说，听其言还须观其行，这说明有时举止比言语有更大的可靠性。主人对客人的印象，来自听觉和视觉两方面。举止不文明，体态语过多，如得意时手舞足蹈，不安时频繁走动，痛苦时捶胸顿脚，或是指手划脚叙说某件事，抱起主人家小孩使劲亲……这些都会引起主人不悦，成为实现拜访目的的障碍。

二、接待

古人云："有朋自远方来，不亦乐乎？"然而，不善言谈的主人，他们往往在客人面前手足无措，无言以对，哪有乐趣可言？那么，主人言谈的技巧有哪些呢？

1. 做主人的第一要着

有一位影迷找他仰慕的影星签名。当影星签完以后，那位影迷竟把名字念错了。影星听后十分气愤，于是反问影迷："你不是我的忠实观众吗？既如此，为什么连我的名字都念错了？"影迷只好连忙道歉，并说明自己不善记住别人的名字。

美国作家戴尔·卡内基认为，一个人的名字对本人来说是最重要的字眼，一般人对自己名字的兴趣远远超过对地球上所有人的名字的兴趣。美国纽约州洛克兰德县有个叫吉姆·法利的人，他没有进过学校，却凭着能叫出 50000 人名字的特殊本领，成了民主党全国委员会领袖，并当上了邮政总局局长。善记名字的本领的威力，竟达到了令人难以置信的地步。

由此可知，在接待中，主人能一见面就主动叫出每一位来访者的姓名，该有多么重要！这一招，可以塑造出主人热情好客的形象，迅速缩短主客之间的距离，建立友好关系。

那么，怎样记住客人姓名呢？对于"自报家门"的客人，可将他的姓名与相貌、表情，以及整个外部形象联系起来记忆，也可以与自家亲朋好友中某人相貌、姓名联系起来记，还可以与他的工作单位、家庭情况联系起来记。对有的客人需要询问姓名,可采用提问的方式:"您贵姓?""在哪个单位工作?"有时也可要求对方写下姓名。尽管如此,还是难免出现张冠李戴的情况,此时,便需要用巧妙的言辞,为自己解脱:"您是姓……""对不起,上次我没听清您的名字。""您今天穿了这么一套漂亮衣服,我一时认不出来了。""您和×××太像了。您的名字是叫……"

2. 知人善谈

了解来访者的意图,然后"看人说话",既可以迅速确定话题,又可以顺应对方的心愿,给人以愉快的感受。相反,不了解来访者的意图,谈话就可能出现"话不投机半句多"的情境。主人要具备与各种不同来客侃侃而谈的本领,就要在语速、音量、遣词用句等方面因人而异。

(1)语速、音量因来访者年龄而异

来访者可能是年逾古稀的前辈,也可能是几岁的孩童。不同年龄的人有不同的生理、心理特征,主人与其交谈,就应采用不同的语速和音量。对老年人,用较慢的语速、较大的音量与他交谈,能使对方产生被人尊敬的喜悦感;而与小客人交谈则宜轻言慢语,语调柔和,这样能使小朋友产生安全感、亲切感、信任感。

(2)遣词用句依来访者文化水平而别

有位知识分子家来了一位农民客人,主人甚为热情,对来访者也十分客气:"听说最近赵公元帅光顾你了。现在你大名鼎鼎,真要刮目相看了。""对于你的生财之道,我不敢班门弄斧,妄加评论,请多多包涵。"主人的这番话只能使那位农民客人莫名其妙,怎能进一步交谈呢?

遣词用句应看来访者的文化程度,否则,主人接待客人时,说话不看对象,一定会"门前冷落鞍马稀"了。

(3)说话语气依来访者的不同目的而变化

前来拜访的客人,往往带着各自不同的目的,主人要善于采用不同语气与他们交谈。

对于前来求助的客人,主人应体谅对方的心情,站在客人立场说话,语气要平和,给对方一种亲切感、信任感。即使你认为无能为力,也要给客人留一线希望,你可对他说:"这个问题我可以去了解一下,只要有可能,我会尽力帮忙的。""你先别着急,一旦有了门路我就打电话告诉你。"

对于前来提供某种信息的客人，主人则应采用感叹语气，表达自己的感激之情。如"非常感谢！你提供的信息太有价值了！""你可真帮了大忙！谢谢！""真辛苦你了！"与前来研究问题、商量工作的客人交谈，则宜采用征询、商量的语气。如"你看这样行不行？""是不是还有不妥的地方呢？""对这个问题你的看法是？"

（4）交谈双方距离，依关系、性别而定

人都需要私人空间，而且对入侵这个空间的人都会采取不同方式表示不满。当你友好地将手搭在与你刚认识的人肩上谈话时，即使对方不推开你的手，心里也会对你产生不良印象。当一位异性客人紧挨着你坐下时，你一定会下意识地挪动一下身子。这些现象说明，在社交场合，人与人应保持一定的距离间隔。

社交场合人与人身体之间保持的距离间隔，叫区域距离。不同的距离包含不同的语义：15厘米~46厘米之间为密切区域，语义为"强烈、亲密"，近亲和密友可在这个区域交谈；16厘米~1.2米之间为个人区域，语义为"亲切、友好"，一般来客适宜在这个区域交谈。至于生疏的不速之客，则宜相距1.2米~2.1米交谈，这个距离的语义为"严肃、庄重"。当然，即使是比较熟悉的异性客人也还是应该保持一定的距离。

总之，要做一个热情好客的主人，掌握交谈技巧只是一个方面，谈话中多用礼貌语言，懂得迎来送往的一般礼节，对于做好接待工作，也是非常重要的。

三、介绍

介绍，是社交中人们互相认识、建立联系的必不可少的手段。介绍，同样要讲究说话艺术。

1. 给人良好的"第一印象"

有一对朋友谈论他俩都认识的一位医师老徐。可两人对老徐的看法截然相反：一位认为老徐很有教养，对病人关怀备至；另一位认为老徐脾气暴躁，对病人态度不好。究其原因，原来后一位第一次见到老徐时，他正在对一位病人发脾气，于是，就形成了难以改变的"第一印象"。第一印象亦称"首因效应"，它在人们心目中一旦形成，便定下了对这个人的认识的基调，成了以后交往的依据。因此，我们必须利用"首因效应"为结交朋友创造条件。为此，必须高度重视给人第一印象的自我介绍。

请看喜剧表演艺术家王景愚的自我介绍：

我就是王景愚，表演《吃鸡》的那个王景愚。人称我是多愁善感的喜剧家，实在是愧不敢当，只不过是个"走火入魔"的哑剧迷罢了。你看我这40多千克的瘦小身躯，却经常负荷许多忧虑与烦恼，而这些忧虑与烦恼，又多半是自找的。我不善于向自己敬爱的人表达敬与爱，却善于向自己所憎恶的人表达憎与恶，然而胆子并不大。我虽然很执拗，却又常常否定自己。否定自己既痛苦又快乐，我就生活在痛苦与欢乐的交织网里，总也冲不出去。在事业上人家说我是敢于拼搏的强者，而在复杂的人际关系面前，我又是一个心无灵犀，半点不通的弱者，因此，在生活中，我是交替扮演强者和弱者的角色。

王景愚的自我介绍很有技巧，给人留下了良好的、难以忘却的第一印象。而这正是自我介绍要达到的目的。那么，自我介绍的说话技巧有哪些呢？

（1）说好一个"我"字

自我介绍少不了说"我"，如何说好这个"我"字关系到别人对你产生什么样的印象。有的人自我介绍时，左一个"我"怎样怎样，右一个"我"如何如何，听众满耳塞的都是"我"字，不反感才怪呢。还有的人"我"字说得特别重，而且有意拖长，仿佛要通过强调"我"来树立自己的高大形象。更有甚者，有的人说"我"时神态得意洋洋，目光咄咄逼人，大有不可一世的气势，这种人的自我介绍不过是孤芳自赏罢了，只能给人留下骄傲自大的印象。

要给人良好的印象，就应在关键的地方以平和的语气说出"我"字，目光亲切，神态自然，才能使人从这个"我"字里，感受到一个自信、自立而又自谦的美好形象。

（2）独辟蹊径

自我介绍，人们往往是先报姓名，然后说工作单位、职业、文化、特长或兴趣等等，不免千篇一律。这样的介绍在人们心目中印象平平。而王景愚独辟蹊径，他运用对立统一的原则、一分为二的观点，联系自己职业特长，实事求是地评价自己，语言质朴、活泼，无哗众取宠之心，很容易

为对方接受，所以给人留下的印象是良好而深刻的。

著名歌唱家克里木在一次演唱会上的介绍也很有新意，给人留下了难忘的印象。他说自己 12 岁开始便倒骑着心爱的小毛驴走南闯北，为了接受青年朋友的善意批评，忍痛放弃了那条落后于时代的老毛驴，从国外买了辆进口车开到演出场地。说到这儿，他停了片刻，又说："你们猜是什么牌的车？那是印度的——大篷车！"

克里木就是从观众对他印象最深的曲子——电影《阿凡提的故事》的插曲联系到小毛驴，再从小毛驴说起，不落俗套，语言风趣幽默。

（3）巧报"家门"

自我介绍少不了"自报家门"，为了使对方听清自己的名字，往往要对"姓"和"名"加以注释，注释得越巧，人们得到的印象就越深刻。对姓名的注释不仅可以反映一个人的文化水平、性格修养，更能体现一个人的口才。

歌剧《江姐》中匪兵把一个老头当成"江队长"抓来了。老头为了替自己辩解，便只好把姓名说个明白："我不是江队长，我是蒋对章。蒋委员长的'蒋'，冤家对头的'对'，签名盖章的'章'，蒋对章嘛！"他的这种注释虽不免迂腐，但至少有两个好处：一是说清了，二是使人忘不了。

有一位青年叫陈逍遥，他曾这样自报家门："我姓陈，耳东'陈'，逍遥法外的'逍遥'……"这位青年对于自己姓名的注释实在太不高明，如果说成"逍遥自在的'逍遥'"，该多好啊！

有位青年叫聂品，他介绍自己很有风趣："我叫聂品，三只耳朵，三张口，就是没有三个头……"这样一说，"聂品"这个名字就深深扎在对方的记忆里了。

2. 用言语搭起结识的桥梁

社交场合中并不人人都相识，而参与社交的人往往希望结识更多的朋友，因此，介绍他人便成了社交中必不可少的方式了。介绍，可以促使陌生人成为朋友；介绍，可以促进双方的合作；介绍，甚至可以使双方结为秦晋之好。近几年来兴起的"婚姻介绍所"、"职业介绍所"，便是在人际交往中起着不可忽视的作用。可见，介绍他人也已经成为一种社会需要了。因此，选择什么内容，采用什么语言形式介绍他人，便成了大家关心的一个问题。

（1）选择什么内容介绍他人

①选择双方感兴趣的内容。只有选择双方都感兴趣的内容进行介绍，才能引起重视，也才能促使双方相识。如果你把一位教师这样介绍给一位生意人："她叫×××，是位教学经验丰富的教师。"这位生意人一定会表现出冷淡，也引不出双方交谈的话题。但是你如果对这位生意人说："×××是位教师，她丈夫是××贸易公司的经理。"这样介绍选择了对方感兴趣的内容，便搭起了双方结识的桥梁。

②介绍特长，促使了解。介绍的内容除姓名、工作单位等以外，还应根据被介绍人的情况有所侧重，千万别忘了介绍别人的特长。如："这是×××，我们单位的'歌坛新秀'。""×××曾是市里乒坛冠军，现在仍不减当年。有机会的话你俩可以比试比试。"这种介绍对促进双方了解、建立友谊是非常有益的。

③给予评价，促进合作。给被介绍的人作一个简单、中肯的评价，也是比较好的介绍方法。如："×××在《楚辞》方面很有些见地，写过好几篇文章，希望你们能合作。""××同志乐于助人的美德尽人皆知，他会给予你热情帮助的。""你俩都是搞企业管理的。据我所知，王先生在这方面是个行家，外号'管理通'。你们一定会谈得很有收获的。"这种评价式的介绍，能使对方产生良好印象，从而奠定结识的基础。

（2）采用什么样的语言形式介绍他人

①直接陈述。介绍他人往往只用三言两语就要画出一个人的轮廓，因此要避免拐弯抹角故弄玄虚，而宜用简明的语言直接陈述。如："这位是我的朋友老刘，搞建筑设计的。""这是××同志，很会讲笑话，同他交谈你会感到快乐的。"

②征询引见。除了直接陈述外，介绍他人还可采用询问句。如："刘××同志，我可以介绍张××同你认识吗？""××同志，你想了解××产品的销售情况吗？这是××公司业务员小赵，他会给你满意的答案的。"采用先征询意见，得到同意后再引见的介绍方法，不仅能显示出你对他人的尊重，而且询问句的语调会给人一种亲切感，易于让对方接受。

③肯定推荐。介绍内容决定了我们在推荐对方时常常采用肯定句的形式。因为一个人的姓名、职业等是客观存在的，不容置疑。如果你在介绍

别人时说话含糊其辞、模棱两可，甚至否定人家的某些优点，那是很不礼貌的。

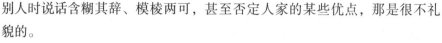

第五节　交谈中的礼仪

大文豪肖伯纳曾说过这么一段话："倘若你有一个苹果，我也有一个苹果，而我们彼此交换这个苹果，那么，你和我自然各有一个苹果。但是倘若你有一种思想，我也有一种思想，而我们彼此交流这些思想，那么，我们每个人将各有两种思想。"聊天就是交流思想的一种好形式，也是较为频繁的一种社交活动。聊天具有很大随意性和不确定性，属于自由度较大的散文式"闲谈"。正因为如此，参与者便可把自己所见、所闻、所想、所感毫无拘束地"聊"出来。所以它已成为人们加强联系、传播和获取信息的重要途径之一。

一、聊天

1. 得来全不费功夫

某市自来水公司经理于希慈有一个独特的本领，就是聊天。全公司870多名职工，有60%以上的职工他都"聊"过。他体会到，只要到群众中去聊一聊，就能找到一些解决困难的办法。深圳蛇口工业区，每月第一个星期二的晚上，年轻的厂长、经理凑到一起开"聊天会"。他们往往能利用聊天中得到的信息，使企业兴旺发达或转危为安。有一家帆布厂兴办不久产品销路就发生了困难。厂长亲自出马，旅差费花了好几千，还是没门。一个偶然的机会，在与朋友聊天中获知某勘探队急需15件钻井塔衣，这一信息，挽救了一个濒临崩溃的工厂。真是"踏破铁鞋无觅处，得来全不费功夫"。可见，聊天实在是做思想工作、沟通信息、调节心理的一种较好方式。

2. 海阔天空任驰骋

"海阔凭鱼跃，天高任鸟飞"。我们可以借用此话来概括聊天口才的特点。

（1）平等互惠，畅所欲言。

聊天的参与者之间无长幼辈和上下级之分，地位相对平等。这就易于形成融洽和谐的气氛。在这种气氛中，谁也不受拘束，不受限制，大家推心置腹，相互信任，相互启发，相互给予，平等互惠，畅所欲言。如果交谈时唇枪舌剑，剑拔弩张，说话刻薄，盛气凌人，那是绝对"聊"不起来的。

（2）形式不拘，场地不限。

聊天不需要谁发出正式的邀请，大家自愿凑在一起便可"聊"起来。人数没有限制，少则两人，多则十几人。没有主持人，发言也无先后次序，想讲就讲，想停就停。聊天的时间没有定规，无话聊十几分钟便散了，有话可聊至深夜。参与者来去自由，想来便来，要走便走。聊天的场地也没有什么限制，教室、宿舍、火车、河边、公园、茶馆……都可。

（3）话题丰富，轻松愉快。

聊天的话题丰富多彩，气氛轻松愉快，这也是它的一大特色。一般情况下，聊天并无事先确定的内容，也无需就某个问题得出结论或达成协议。因此，参与者的发言常常是即兴的，具有很大的随意性，凡是听到的、看到的、想到的都可以讲，比如：学习上的困难、个人的打算、童年的趣事、名人轶闻……聊天的场面往往呈现出谈笑风生、热闹非凡的情景。

3."上乘、中乘、下乘、最下乘"

清人敦诚（曹雪芹的好友）将聊天分为"上乘、中乘、下乘、最下乘"四个等级，可见聊天也有水平高低之分。高水平的聊天一定是高尚的、愉快的，而且能"聊"出效果为我所用。能否达到那个水平，那就要看参与者的口才如何了。聊天的口才主要表现在以下三个方面。

（1）善于寻找话题。

几个人在一起聊天，如果谁都感到无话可说，那是索然无味的。此时，如有善于寻找话题的人加入，便可打破尴尬局面，活跃交谈气氛。寻找话题可以从以下几个方面入手。

①找共同点。有的人很善于从参与聊天者的身上找共同点，并由此引出话题。同行可谈谈业务上的一些问题，同事可聊聊单位情况，老同学可一起回忆同窗共读的情景，年龄相近的人，身体状况、家庭情况也会有许

多相似之处。从共同点找话题，说话投机，就越"聊"越对劲。

②就地取材。聊天场地上的任何事件都可作为话题，问题是要善于发现。比如：墙上的字画、书架上的书籍、桌上的座右铭、一棵树、一种花……就地取材，信手拈来，往往会"聊"得轻松自在。

③循趣入题。要想聊天按自己的意愿进行，最后达到某个目的，循趣入题是一个诀窍。纽约有一家高级食品公司的总经理，很想出售面包给纽约一家大旅馆。

于是，总经理作了一系列的努力：四年没有间断每周一次的拜访；参加老板所参加的社交活动；在旅馆开房间。但是，这一切并没有感动"上帝"。后来总经理发现这位老板是旅馆业协会的主席，而且对协会的活动十分感兴趣，从不缺席。他高兴极了，第二天便跟老板"聊"起了协会的有关情况。奇迹终于出现了：过不了几天，老板打电话叫总经理带着面包去议价。

（2）善于调节话题。

聊天往往没有一以贯之的话题，而是随着参与者的兴趣经常变换。善于调节话题的人，他能敏感地意识到某个内容不能继续"聊"下去了，并在适当的时机用适当的语言转换话题。一般说来，下列三种话题需要调节：庸俗的、乏味的、影响关系的。掌握了调节话题技巧的人，他或是用提问的方式，或是用暗语的方式，或是干脆单刀直入。总之，他能因势利导地使交谈照自己的想法进行。这种本领，只有口才好的人才具备。

（3）善于寓庄于谐。

茶余饭后，假日工余，大家没有思想负担，在一起聊聊，轻松轻松，倒也有些乐趣。但是如果每个人都一本正经，有的甚至像作报告似的拉腔拉调，那是非常乏味的。有口才的人，却善于用幽默风趣的语言创造愉快的交谈气氛，并且往往能让你在说说笑笑中明白某个道理。

抗日战争时期，陈毅带领部队来到泰兴，亲自指挥黄桥战役。当时他住在一位塾师高先生家中，此人棋艺甚高。陈毅经常与他对弈闲聊。战前陈毅与之对弈，连胜三局。黄桥一战，我军大获全胜。战后陈毅怀着胜利的喜悦又和高先生下棋聊天，说说笑笑中陈毅连输三局。这时，他猛地站起，紧紧握住高先生的手，感谢高先生的良苦用心。

二、赞美与批评

1. 赞美

（1）赞美和阳光，人人不可少。

父母经常赞美孩子，家庭气氛和睦、欢乐；领导经常赞美下级，职工的积极性、创造性不断被激发，被调动。赞美之于人心，如阳光之于万物。在我们的生活中，人人需要赞美，人人喜欢赞美。

这决不是虚荣心的表现，而是渴求上进，寻求理解、支持与鼓励的表现。爱听赞美，出于人的自尊需要，是一种正常的心理需要。经常听到真诚的赞美，明白自身的价值获得了社会的肯定，有助于增强自尊心、自信心。

有的人吝惜赞美，很难赏赐别人一句赞美的话，他们不懂得，多正面引导，多表扬鼓励，是思想教育工作的一条规律。予人以真诚的赞美，体现了对人的尊重、期望与信任，并有助于增进彼此间的了解和友谊，是协调人际关系的好办法。

人人皆有可赞美之处，只不过长处优点有大有小、有多有少、有隐有显罢了。只要你细心，就随时能发现别人身上可赞美的"闪光点"。即使缺点较多或长期处于消极状态的人，只要稍有改正缺点、要求上进的可喜苗头，就应及时给予肯定、赞扬。须知你不仅仅是在肯定、赞美某一个人，而是在为建设社会主义精神文明添砖加瓦。

（2）如何赞美别人？

随便说几句人云亦云的客套话，赞美一个人或一个集体，并不难，更不可贵。贵在真心诚意，难在确有实效。谄谀与捧杀，都是带糖衣的毒品。这种"赞美"，或言不由衷，或夸大到登峰造极、令人难以置信的地步，或无中生有、张冠李戴、夸赞对方并不具有优点、长处，甚至心怀叵测地夸赞对方的缺点、错误，以达到不可告人的目的。"语录不离手，万岁不离口；当面说好话，背后下毒手"，林彪在文化革命期间对毛泽东的赞颂，就是这种口蜜腹剑的赞美的典型。

上述种种"赞美"，都不是正常社交往来的手段，而是勾心斗角时用以讨好、利用或迷惑、麻痹对方的阴谋伎俩。对至爱亲朋的赞美，当然出于善意的鼓动，但往往不自觉地带有偏爱或捧场的倾向。你可以态度更热情，语气更热烈。但对人对事的评价决不能脱离客观事实的基础，措词也应当有一定的分寸。

身为领导干部或专家学者，如果要在大庭广众之中公开赞扬某个人或某个单位，更要经过长期考察、全面了解与深思熟虑，力求客观、公正、不夸大、不缩小、不走样。因为你的赞扬常常被当成权威性的评价，不仅关系到被赞扬者，而且可以影响社会舆论导向。

最有实效的赞美不是"锦上添花"，而应是"雪中送炭"。最需要赞美的不是早已美名天下扬的人，而是那些自卑感很强的人，尤其是其中被错当成"丑小鸭"的"白天鹅"。他们平生很难听到一声赞美，一旦被人当众真诚地赞美，就有可能尊严复苏，自尊心、自信心倍增，精神面貌焕然一新。对于任何一个人，最值得赞美的，不应是他身上早为众所周知的明显长处，而应是那蕴藏在他身上，既极为可贵又尚未引起重视的优点。

这种赞美，为进一步开发他潜在的智慧与力量开辟了一个新领域，有助于他在攀登事业高峰的征途上，更上一层楼。内容明确，有特点的赞美，比一般化的赞美可贵、也更可信。与其空泛、笼统地赞美对方很聪明、能干，就不如具体地赞美他办成的几件聪明事。这样才有助于他真正发现、发挥自己的长处和优势，激发起更强的上进心、荣誉感、自豪感。

赞美，不一定局限于对个人，也可包括对他所从事的职业，所属的民族、籍贯、国家，及至他工作的单位、就读的学校。这种对群体的赞美，在现代的集体社交活动中，具有特殊的公共关系效果。

有的人不习惯于当面直接赞美别人，或不习惯于当面被直接赞美，恰如其分的间接赞美，其意义与效果并不亚于直接赞美。如"严师出高徒"、"将门出虎子"、"名厂无劣品"之类的说法，就道出了间接与直接的关系。直接赞美劳动成果，往往就是间接赞美生产、培植出这硕果的劳动者。

（3）为自赞自夸正名。

自赞自夸，历来被贬抑。"王婆卖瓜，自卖自夸"一语，经常被用来嘲讽那些自赞自夸者。其理由为"桃李不言，下自成蹊"。你的瓜果好，不必自赞自夸，自然会有人络绎不绝地来采购。事实并非如此。如对人们以往从没有吃、穿、用过的新产品，不做一番赞美性的宣传，即使价廉物美，仍有可能无人问津。

毛遂若不勇于自荐，他这个人才就可能被埋没了。苏秦、张仪游说列国，苏秦鼓吹合纵，张仪宣扬连横，就是自赞自夸其外交方针、军事策略如何高明。就连孔丘周游列国，也不忘自夸其政治主张、教育思想。

由此看来，早在春秋战国时代的外交舞台上与上层社交场合，自赞自夸就已成为极普遍的正常现象。但在后来的民间人际交往之中，却形成了这种不正常的传统习俗：以自谦自贬为美德，以自赞自夸为狂妄。

在自给自足的小农经济社会，商品交换稀少，人际交往谨小慎微，自赞自夸无用武之地。但在现代化的开放社会，商品经济发达，人际交往频繁，而且新的物质产品、新的精神产品以及新的行业、新的知识、新的人才不断涌现。人们见所未见，闻所未闻。不自赞自夸一番，有谁知晓呢？今天，招标答辩、招聘口试、评定职称、推销产品等等，全离不开自赞自夸。

我们要为自赞自夸正名。自信与自傲，谦虚与自卑，绝不能混为一谈。自赞自夸是以事实为基础，讲究说话的方式方法，进行适当的艺术加工；而自吹自擂则纯属不顾事实真相的吹牛皮、说大话。

自赞自夸，首先要实事求是，符合实际情况，符合科学规律。如夸大其词达到了违反生活常规的地步，反而事与愿违，只会降低其可信程度。其次，自赞自夸应目的明确、有的放矢。招聘人才、购买商品，都有一定的规格、要求。你的优点非对方所需，你的长处非对方所急，自赞自夸就如同对牛弹琴。而要了解对方的所急所需，就必须事先对人才市场、商品市场有调查研究，做到知己知彼，心中有数。

再者，自赞自夸既可以直接出自当事人之口，也可以转借他人之口，最好还辅以如奖状、奖品、名人评价、新闻传播媒介的表彰等旁证，以增强其可信度、说服力，同时避免直接自赞自夸过多，易引起听者的逆反心理。最后，在自赞自夸的同时，不妨也承认还有待改进的不足之处。这样小贬大褒，既体现了实事求是的态度，也给人以较谦虚的好印象，并且无损于你整个形象的美好。

2. 批评

（1）金无足赤，人无完人。

"金无足赤，人无完人"。人生在世，孰能无过？若有过错，即使有自知之明，不文过饰非，但对过失的性质、危害、根源等的分析反思，总不如众多的旁观者清。我们需要真诚的赞美，也需要善意的批评。赞美是鼓励，批评是督促；赞美如阳光，批评如雨露，二者缺一不可。

父母从不批评孩子，是溺爱；教师从不批评学生，是不负责任；朋友之间只有恭维，从无批评，不是良朋益友。至于那种会滥用廉价的表扬，从不敢开展批评的领导，更是处世圆滑、怕得罪人的平庸无能之辈；在他们所主管的部门、单位，必然坏人横行，歪风无阻，纪律松弛，人心涣散，工作、生产走下坡路。最需要批评的人，不一定会是那些缺点、错误多的人，更应包含那些自视甚高、缺乏自知之明而又担负重任要职的人。

他们坚持错误的危害性更大，更急需旁人批评、指出。俗话说："打是疼，骂是爱，不管不问要变坏"。虽然其原意是指如何教育孩子，但推而广之，也说明了批评、监督、鞭策是一种关怀、爱护。任你有多少缺点、错误，与你无亲无故、毫无感情的人，只要不碍他的事，就只会漠不关心、不管不问。只有良师益友，才会抱着对你负责的态度，以诤言相告。

（2）"良药"未必皆苦口。

"良药苦口"、"忠言逆耳"的说法，经常被用来告诫人们要虚心接受批评，不应计较批评的方式方法。方式方法，被批评者不应计较，而批评者却应研究、讲究。医药科学发展至今，许多"良药"或包糖衣，或经蜜炙，早已不苦口。

语言科学发展至今，讲究批评的方式方法与语言艺术，也可做到"忠言不逆耳"，老少皆喜听。如何做到这一步呢？批评要善意，要尊重、理解、信任被批评者，对事不对人，以理服人。对事，也仅仅是对其缺点、错误，而不能抓住一点，不计其余，以致否定一个人的全部工作、全部历史。

而且还要进一步分析其动机与效果。如动机良好，效果不佳，就要先肯定其良好的愿望，再批评不当之处，然后教给正确的方法。切忌在情况尚未调查清楚之前就发脾气、乱指责，更不能挖苦、讽刺、嘲弄，不能揭老底、算总账、搞人身攻击。因为那只会造成或加剧对立情绪，使对方顶牛、抬杠，或口服心不服，讲形式走过场地来个假检讨，但思想并未触动，事后依然故我。这种批评看起来火药味挺浓，其实际效果则微乎其微。

青少年涉世未深，思想上不成熟，经常出现这样那样的缺点、过失，是难免的；即使曾经多次指出，他本人也表示愿意改掉的老毛病，稍不注意，又会重犯。对他们进行批评，最好语重心长地直接指出，不宜拐弯抹角，含含糊糊，使其误解了批评的意图。批评个性倔强的后进青年，宜以退为进，先肯定其一定的优点，再言归正题，指出其缺点、过失。只要从表情、动作观察到对方已有内疚之感，就没有必要强迫其当众认错。

对于自觉性较高、自尊心较强的成年人，对其缺点、过失，选择适当的时机、场合，略为提醒，或旁敲侧击，火候已到，就没有必要唠叨过多。至于在大庭广众的场合指名道姓地批评，更多的是为了顾全大局，从有利于工作出发，既要使对方知道其缺点、过失，又要维护其尊严、威信。这时，不妨以自责来促使对方深思反省，以自我批评的方式达到委婉、含蓄地批评对方的目的。

批评那些道德水平低下的蛮不讲理者，一味温情脉脉无济于事。当他正气势汹汹、老虎屁股摸不得时，谁敢说他一句不是，就骂街、打架。对于这种人，首先就要以正压邪、理直气壮地指出："你就是错了！"待其良知略为恢复，火气稍有收敛，再软硬兼施与其论理。在严厉的批评之后，还应加以耐心的说服工作，最后在友好的气氛中结束批评。这种批评，即使有点"苦"，也像嚼橄榄一样，先苦后甜。

（3）巧用幽默。

一般来说，在展开批评时，被批评者的心理常处于紧张、压抑的状态，特别是在上级批评下级、长辈批评晚辈时更为突出。它们或表现为焦虑、恐惧，或表现为对立、抗拒，或表现为沮丧、泄气……这些不正常的心理状态成为双方交流思想感情的心理障碍，大大降低了批评的实际效果。如果巧用幽默的语言，批评者含笑谈真理、讲道理，被批评者在笑声中微微红脸，从内心深处受到的是触动而非刺激，心情舒畅地接受教育，岂不美哉？

幽默不同于讽刺，虽然都具有引人发笑的效果，但讽刺的笑，辛辣、刺激、令人难堪；幽默的笑，轻松、温和、含蓄、隽永，有的还蕴含有深刻的智慧与哲理，引人深思，发人深省。巧用幽默的批评，往往以半开玩笑半认真的方式提出，先打破僵局，再转入实质性问题；即使对方一时还接受不了，也不伤和气，更不至于令对方难堪、丢脸。因此，出于善意的幽默批评，不同于尖刻的讽刺、嘲弄，这是由批评者的出发点及态度决定的。

幽默批评，不低级庸俗、不生搬硬套，思想感情健康，语言形象生动，深入浅出，这是由批评者的思想修养、文化修养所决定的。陈毅担任新中国第一任上海市长时，就常用幽默批评来正确处理党内党外的诸多矛盾，从而加强了革命队伍的团结与各阶层人民的团结，推动了革命事业的发展。

社交活动中的幽默批评，又毕竟不同于说相声、讲笑话，虽有幽默成份，但仍以严肃、认真为基调，气氛可宽松、活泼一点，决不能油腔滑调，否则就会冲淡批评应有的严肃气氛，影响批评的效果。因此语言的夸张、对比、谐音、谐趣，都要有一定的分寸。批评者可以面带微笑，但不宜捧腹大笑，更切忌指手划脚、手舞足蹈。

三、说服与拒绝

1. 说服

（1）解决矛盾需说服。

矛盾普遍存在，社交场合也无例外。解决矛盾，一般都通过说服，只有经过长期说服无效，矛盾性质又日益激化，才采取非社交的强制手段，但那仍然需要以说服作为辅助手段。说服不限于思想教育工作，传播知识、治疗疾病、经济谈判等等，都离不开说服。即使志同道合的挚友之间，也不可能永远事事认识、见解完全一致；若要取得一致，就要通过说服。说服工作处处有，经常有，它的应用范围极为广泛。

说服人家动摇、改变、放弃己见或信服、同意、采纳你的主张，实质上是一场从精神上征服人心的战斗，但又不能使对方有丝毫被迫接受的感觉。一个人几十年形成的思想观点，一个民族千百年形成的风俗习惯、思维定式，你休想通过三五次苦口婆心的说服，就轻易改变。

一种崭新的学说、理论、观点、方法，即使已通过一定的实践证明其正确性、科学性、合理性，但要深入人心，仍需经过长期、反复的宣传和说服。

说服需要耐心、韧性，打持久战。但遇有特殊情况，也需要集中力量打歼灭战，速战速决。有的说服，三言两语，就说到了对方的心坎上，疙瘩迎刃而解；有的说服，越说对方越不服，结果不欢而散。这说明说服有一定的规律，是一门交谈、对话的艺术。教师、医师、律师、推销员、宣传员、外交官等，天天在做说服工作，一生以不断说服人为己任，更有必要探讨、研究说服的规律，掌握说服的艺术。

（2）道理、情感、利害。

晓之以理，动之以情，衡之以利，是最常采用的说服方法。晓之以理，就是讲道理。简单的事情，小道理，一两个典型事例，再加上简明、扼要的分析，道理就可以讲清楚。复杂的事情，大道理，涉及多方面的因素，触动一点就牵动全局，必须全方位、多层次、多角度地进行一系列的说服工作，从多方面展开心理攻势，并以严密的逻辑推理，如水到渠成地得出结论。

这个结论不宜由自己单方面推断出来交给对方，最好以征询意见的口气引导对方同你一起来推理，共同探讨得出结论。让他把你的意见、主张，当作自己寻求的答案，自愿接受，自动就范。这样的说服更高明。因为对于经过自己头脑思考发现的真理，人们更坚信不疑。

晓之以理，要满怀信心，争取主动，先取攻势。当对方已明确、坚决地表示"不行"、"不干"、"不同意"等等之后，再说服他，就要付出加倍的努力。当然，争取主动仍要运用委婉、商榷的语气，切忌盛气凌人、以势压人。如对方因此而产生逆反心理，再说服他，同样也要付出加倍的努力。

晓之以理，还要结合动之以情，通情才能达理。牧师布道宣传的是唯心主义的宗教，但因以情动人，往往能在催人泪下的同时，不露痕迹地对听众施加思想影响，使人不知不觉地接受其教义。这就是情感的力量。

对于形象思维强于逻辑思维的青少年儿童，对于多数平日没有深刻的理论思维习惯的人，以事比事，将心比心，运用其自身或熟人的经验教训，再加上感情色彩浓厚的语言，去进行绘声绘色地诉说，易令人感到亲切可信，引发情感上的共鸣，从而为接受道理扫清了障碍，铺平了道路。

所谓"衡之以利"就是权衡利弊得失，讲清利害关系。那些实惠观念很强的人，理难服他，情难动他，唯有"衡之以利"是切实有效的一招。且不论对国家、对社会的利害如何，就是只从个人实实在在的得失考虑，他也应趋利避害、以接受你的说服为上策。那些明事理、重情义的人，并不过分讲究实惠，但你仍应设身处地充分考虑对方的切身利害、实际困难。在此基础上进行说服，才称得上是真正的通情达理，也更令人心悦诚服。

人生在世，要求得以生存与发展，必然有各种各样的正常需要，如果丝毫不考虑对方的合理需要，双方交谈就没有共同的语言，说服就无从谈起了。如果看准了对方的需求，说服就能有的放矢，确有成效。

（3）说服与批评的异同。

说服与批评之间，既有相似相通之处，又有相异相悖之处。这是两个有部分外延交叉重叠的概念。说服与批评，都有对人施加思想影响，从心理上征服人的意图。批评常辅以说服，批评离不开说服；说服有时也带有批评，但说服不一定都带批评。如推销产品时，一般都是向对方大讲好话，极少有批评顾客、买方的。被批评者，一般都有缺点、错误。批评的目的就是为了帮助对方改正。

说服人接受你的主张，总要或多或少能给对方带来一定的精神上或物质上的好处。说服的过程，就是宣传这种好处，令对方信服。被说服者不一定有什么缺点、错误，他放弃的主张与接受你宣传的主张，不一定有正误之分，也可能只有全面、完美的程度之别。

批评的态度较严肃或严厉，说话的语气也较重、较强硬；说服的态度较温和，说话的语气较轻、较委婉。批评的话语，贬义词多于褒义词，否定词多于肯定词。说服的话语，褒贬皆可。

根据说服的对象与内容的不同，有时褒多于贬，有时贬多于褒。如果进一步仔细分类，说服还可以再分为批评性说服与赞美性说服两类。接受批评，可能会属于自觉自愿，也可能多少带点勉强。接受说服，完全是自觉自愿，不带任何勉强。

民主空气浓厚，解决矛盾纠纷，统一思想认识时，说服多于批评，协商多于命令，其结果是人际关系和谐，人心团结向上，社交往来活跃。反之则人际关系紧张，人心貌合神离，社交生活沉寂。虽然说服与批评皆不可少，但我们希望在一切社交场合，说服多一些，批评少一些。遇有矛盾分歧，尽可能多采用说服手段。

2. 拒绝

（1）难以回避的遗憾。

人的要求，永无止境，合理的悖理的并存；大千世界，要求各种各样，现在就能办到的，将来才能办到的，永远办不到的，都有人不断提出。"有求必应"四个字，只能挂在庙里显神威骗人，却无法拿来显神通广结社交。该拒绝的，就得拒绝。如果当场不好意思说个"不"字，轻易承诺了自己不愿、不应、不必履行的职责，事办不成，以后更不好意思见人。

拒绝是令人深感遗憾的，却又是难以回避的。有的至亲好友，轻易不开口求人，偶尔万不得已，求你一次，不幸竟然遭到拒绝，轻则失望、伤心，重则大发雷霆。有的患难之友，曾经在你困难时鼎力相助；如今有求于你，你心有余而力不足，但他不相信，指责你是忘恩负义。有的恳求，极为合理，早就该办了，但由于受到诸多客观条件的限制，一拖再拖，目前还解决不了。

（2）原则要坚持，方法要灵活。

不能接受的要求，不必回答的问题，不迁就，不犹豫，一定拒绝。口气可以委婉，态度决不含糊。切忌模棱两可，使对方产生误解，仍抱有不切实际的幻想，既耽误他的事，又给你继续增添不必要的麻烦。但是，拒绝的方式要灵活多样。

当你遇到敏感的问题或难以承诺的要求，首先就要不焦不躁，沉着冷静，机智应对。对于无理的要求或挑衅性的提问，既可采取以主动出击为主的攻势，也可采取以防卫为主的守势。攻势有反守为攻与以攻为守。

所谓反守为攻即不但不回答对方的提问、要求，反而回敬他一个难以答复的问题、要求；所谓以守为攻，即诱导对方自动收回他的要求，或自动否定其要求你作出回答的必要性。

（3）给对方以希望。

不给对方以幻想，但应给对方以希望。一个人被拒绝以后，仍有希望，就有盼头、奔头、干头，不仅有助于减轻、消除遗憾感，而且还能促使人振奋向上。

合理的要求，一时还不能解决，不妨如实告诉对方，经过努力，待条件具备了问题就会迎刃而解。如属于经过对方的主观努力可以创造的条件，拒绝与鼓励相结合进行，拒绝就有可能转化为动力。如属于受多方面客观条件的限制，非个人的主观努力所能改变，也应给对方以希望，而不能令人绝望。

所谓给予希望，决不是说空话、许空愿，而是在拒绝之后，再做一些必要的善后说服工作，使对方感到虽然某个要求未能满足，但工作还是有意义的、生活还是美好的。一拒了之与许空头愿都是对人冷漠无情，对事不负责任的表现。拒绝之后，给了希望、鼓励，使对方体会到了你那火热的心肠、殷切的期待。这份情谊仍然是可贵的。

四、安慰与道歉

1. 安慰

（1）安慰如同"雪中送炭"。

人生的道路不平坦，逆境常多于顺境。不幸的事，人人难免。身处逆境，面对不幸，当事者不仅本人需要坚强起来，也迫切需要别人的安慰。人是社会的动物、合群的动物、有感情的高级动物。痛苦再加孤寂，痛苦倍增；痛苦有人分担，痛苦减半。"患难见真情"，安慰如"雪中送炭"，能给不幸者以温暖、光明、力量，帮助他分担痛苦、减轻精神重负、重振前进的勇气。

给予不幸者以安慰，是为人处世的一种美德；当至亲好友遭到不幸时，及时送上真诚的安慰，更是你应尽的责任。

探望身患重病的不幸者，不必过多谈论病情。有关的医疗知识，医生已有交代、说明，勿需你再多言。如果对方本来就背着重病的精神包袱，你再谈及过多，势必包袱加重。你应该多谈谈病人关心、感兴趣的事，以转移对方的注意力，减轻精神负担。如能尽量多谈点与对方有关的喜事、好消息，使他精神愉快，心宽体胖，更有利于早日康复。医生送去治疗身体的良药，亲友送去温暖人心的情感都是根治重病必不可少的。

对于因生理缺陷或因出身、门第被人歧视的不幸者，由于不幸的原因有些是先天的，并非全是人为的。劝慰时应多讲些有类似情况的名人的模范事迹，鼓励他不向命运屈服，抵制宿命论的思想影响，使他坚信只要充分发挥人的主观能动作用，仍然能够争取人生的幸福，实现人生的价值。

安慰丧亲的不幸者，不要急于劝阻对方的恸哭，强烈的悲痛如巨石积压在心头，愈久愈重，不吐不快，让其宣泄、释放出来，反而如释重负，有利于较快恢复心理平衡和平静的状态。你应当注意倾听对方的回忆、哭诉，并多谈谈死者生前的优点、贡献，人们对他的敬仰、怀念。死者的生命价值越高，其亲属就愈感宽慰，并有可能化悲痛为力量，去发扬死者生前的优点，去完成死者未尽的事业。

对于胸怀奇志而又在事业上屡遭挫折、失败的不幸者，最需要的是对其强烈的事业心的充分理解、支持。对于他们，理解应多于抚慰，鼓励应多于同情，怜悯是变相的侮辱，敬慕是志同道合的表现。你不必劝慰对方忘掉忧愁、痛苦，更休想说服对方随波逐流，放弃他的理想、追求。

最好的安慰，是帮助对方总结经验教训，分析面临的诸多有利不利条件，克服灰心丧气的情绪，树立必胜的信念，并共同探讨到达事业顶峰的光明之路。这就要求你对他所从事的事业，有一定的了解，称得上是名副其实的知音。

我们的人民是富有同情心的人民，中华民族是勤劳、勇敢又善良、重情义的民族。在我们民族的语言中就有如"比上不足，比下有余"、"谋事在人，成事在天"、"塞翁失马，焉知非福"、"大难不死，必有后福"、"失败是成功之母"等一大批专用于安慰、鼓励不幸者的谚语、格言、典故，在民间流传千百年至今仍然经常被用来安慰不幸者。

（2）要同情，但不要怜悯。

同情，就是设身处地、将心比心、感同身受，把别人的不幸当成自己的不幸，从感情上产生共鸣。但彼此应站在完全平等的地位上交流思想感情，给对方以精神上、道义上的支持，并分担对方的感情痛苦。有时，同情还可以包含着敬佩、敬爱、敬仰之情。

同情是一种真心实意的善心。怜悯，不是平等的思想感情交流，不是精神上、道义上的敬赠，而是一种上对下、尊对卑、富对贫、强者对弱者、胜者对败者、幸运者对不幸者的感情施舍。施主对被接受施舍者，有意无意地流露出一种幸运感、优越感，或多或少有轻视、小看对方的意思，包含有伪善的成份。

同情的话语，有劝慰有鼓励，语气低沉而不乏力量，而且尽量不当面说出"可怜"、"造孽"等词语。怜悯的话语，只有一味的悲伤，语气低沉、无力，而且把"可怜"、"造孽"等词语经常挂在嘴边，仿佛在欣赏、咀嚼对方的痛苦。

对于事业心强、自尊心强、个性强的强者，对于一切真正的男子汉、女强人乃至有志气的少年，无论其处境多么不幸，怜悯都是一种变相的侮辱，只会刺伤他们的自尊心，激起他们的反感，从而从心理上拒绝接受。对于老幼病残与弱者，单纯的怜悯也只能促使他们沉溺于悲痛、绝望的深渊而难于自拔，更谈不到振作起来，从软弱变得坚强一些，向不合理的世道、不公平的待遇、不幸的命运进行必要的抗争。

在感情的海洋中，同情是盐，怜悯是污泥。安慰需要同情，但不要怜悯。谎言有时胜过真话，谎言不一定是坏话，真话也并非是百分之百的好话。离开了具体的时间、地点、条件，忽视了动机与效果的统一，以绝对化的好坏来衡量真话谎话，就不符合对立统一的辩证法原理，也失去了判断是非的客观标准。善良的谎言，有时胜过不该说的真话。

对于身患绝症的病人，只能把病情如实告知其家属，而对患者本人，仍应重病轻说，并经常祝他早日康复，以便他平静地度过一生最后的岁月。如果谎言居然唤起了他对生活的热爱，增强了他同病魔斗争的意志，就有可能使生命延续得更长久，甚至战胜死神，真正恢复健康。医学史上不乏这样的人间奇迹。

对于本来就感情脆弱、意志薄弱、身体虚弱的不幸者，其心灵已经伤痕累累，不堪重负。如再传来噩耗，就有可能因承受太沉重的打击而一蹶不振，甚至危及生命。如遇到这种特殊情况，与其立即如实相告，还不如暂时隐瞒真相，然后逐步旁敲侧击，待对方已有一定的思想准备，再实言相告，并加以劝慰。

善良的谎言，其用心当然也是善良的，即为减轻不幸者的精神痛苦，帮助不幸者重振生活的勇气。当事人以后明白了真相，只会感激，不会埋怨。即使当时半信半疑，甚至明知是谎话，通情达理者仍感到温暖、宽慰。因为他是被关怀、爱护，而不是被欺骗、愚弄。明知会加重对方的精神痛苦，仍要以真话相告。如不算坏话，也该算蠢话。即使不怀恶意，至少也是不明智的。

当然，社交生活中真话应该永远占主导地位。只有万不得已时，才用善良的谎言安慰人。凡是安慰的话语，无论真话谎话，最好身体距离较近，以示双方关系的亲近，并且语气较轻、声调较低、语速较慢，如春雨甘露滋润伤痕累累的心田，以利于对方剧痛的心情尽快恢复平静。

2. 道歉

（1）错了，就及时承认。

如果你错了，就及时承认。与其等别人提出批评、指责，还不如主动认错、道歉，更易于获得谅解、宽恕。凡是坚信自己一贯正确，发生争端总是武断地指责对方大错特错，从不认错、道歉的人，根本交不到朋友，或难以交友，永远缺乏知心人。

有些青年人有错就千方百计抵赖，甚至谩骂敢于提醒他注意的人，那决不是什么"英雄本色"，只能算流氓行为。

当领导的认错不会丢脸、丧失威信，反而有利于维护面子、提高威信。有错就承认，并勇于主动承担责任的领导人比自夸一贯正确，有错就把责任往下推的领导人，更有威信，更深得下级的信赖、拥护、爱戴。

真心实意的认错、道歉，就不必推说客观原因、作过多的辩解。就是确有非解释不可的客观原因，也必须有诚恳的道歉之后再略为解释，而不宜一开口就辩解不休。否则，你对自己的错误实际上是抱着抽象否定、具体肯定的态度，这种道歉，不但不利于弥合双方思想感情上的裂痕，反而会扩大裂痕、加深隔阂。

道歉需要诚意。双方成见很深，当对方正处在火头上，好话歹话都听不进时，最好先通过第三者转致歉意，待对方火气平息之后，再当面赔礼、道歉。有时当务之急不是先分清谁是谁非，而是要求双方求同存异，去对付共同面临的困难或"敌手"。如双方僵持不下，势必两败俱伤。如一方先主动表示歉意，就有可能打破僵局，化紧张为和谐，乃至化"敌"为友，双方合作共事。

诚心诚意的道歉，应语气温和、坦诚但不谦卑，目光友好地凝视对方，并多用如"包涵"、"打扰"、"指教"等礼貌词语。道歉的语言，以简洁为佳。只要基本态度已表明，对方已通情达理地表示谅解，就切忌罗嗦、重复。否则，对方不能不怀疑你在以小人之心，度君子之腹，唯恐他不谅解。如果我们每个人都能错了就及时承认，不必要的矛盾、纠纷就会大为减少，整个社会的人际关系，也会和谐得多。

（2）没有错，有时也道歉。

明明没有错，也赔礼、道歉，这不是虚伪吗？不是卑怯吗？不。没有错，有时也需要道歉。如纯属客观的原因，比如气候变幻无常、意外的交通事故等等，使你无意失信，给对方带来一些麻烦、损失，为什么不可以道歉呢？

一味推客观原因，对方口头上不好责怪，但心情总是不愉快的，那就不利于增进友谊。如果你有事求助于人，对方尽了最大努力，由于受多方面条件的限制，事未办成，但他为此付出了艰巨的劳动。或事虽办成了，但对方付出的劳动，给他带的麻烦，比你原先预料的要多得多。凡通情达理者，岂能毫无内疚之感，不说几句发自肺腑的道谢兼道歉的话呢？这体现了你对他人劳动的尊重，而且以后有求于他，也好再开口啊。

对方不听你的劝告，闯了大祸，并已给他本人带来了生命、财产的巨大损失，他正沉浸在悲痛之中。此时此刻，你决不能急于批评对方的错误，更不能埋怨他不听你的劝告，而应先表示慰问，再加上歉意，因为事先你没有再三极力劝阻。以后，再利用适当的时机、场合，双方共同来总结经验教训。

凡通情达理者，必然会对你万分感激，并把你当成可信赖的知心朋友。你与对方素不相识，但双方的亲属或前辈曾有过宿怨，这本与你毫不相干，更不能把这笔账算在你的头上。但在纵横交错、恩怨交织的复杂人际关系网络之中，至亲好友的亲友，往往就是理所当然的朋友。"对头"的亲友，虽不一定被当成"对头"，但在双方尚缺乏一定的交往、了解之前，起码是不可轻信的。初相识时，你主动表示歉意，就有助于较快消除对方可能有的隔阂、戒心，加强彼此之间的理解、信任及至合作，从而达到化"敌"为友的目的。

这些没有错误的真诚道歉，无论在个人、单位、国家之间的社交或外交往来之中，都是极为正常的表现，并且说话坦然自若，不卑不亢，不必卑躬屈节、低三下四。这是道歉者的伟大人格、博大胸怀、远见卓识及社交艺术在口才方面的具体表现。在这个方面，已故的周恩来为我们树立了光辉的榜样。

五、社交语言的基本要求

社交中受人欢迎、具有魅力的人，一定是掌握社交口才技巧的人。社交口才的基本技巧表现在适时、适量、适度三个方面。

1. 要适时

说在该说时，止在该止处，这才叫适时。可有的人在社交场上该说时不说，他们见面时不及时问候；分手时不及时告别；失礼时不及时道歉；对请教不及时解答；对求助不及时答复……反之，有的人该止时不止。

他们在热闹喜庆的气氛中唠唠叨叨诉说自己的不幸；在别人悲伤忧愁

时嘻嘻哈哈开玩笑；在主人心绪不安时仍滔滔不绝发表宏论；在长辈家里乐不可支地详谈"马路新闻"。……请设想一下，假如你在社交中遇见了上面这种人，你会对他产生什么样的印象呢？

2. 要适量

捷克讽刺作家哈谢克的名著《好兵帅克》里有一个克劳斯上校。此人以说话罗嗦闻名。他有一段对军官的"精彩"讲话："诸位，我刚才提到那里有一个窗户。你们知道窗户是个什么东西，对吗？一条夹在两道沟之间的路叫公路。对了，诸位，那么你们知道什么叫沟吗？沟就是一批工人所挖的一种凹而长的坑，对，那就叫沟。沟就是用铁锹挖成的。你知道铁锹是什么吗？铁作的工具，诸位，不错吧，你们都知道吗？"克劳斯上校的这番话，虽然是作家加工过的，但生活中、社交场上说话罗嗦也不乏其人。因此说话适量也是社交口才的基本技巧之一。

适量既指说话的多少适当，也包括说话的音量适宜。应该指出的是，适量并不是都以少说为佳，更不是指那种语量没有变化的老和尚念经，适量与否应以是否达到了说话目的为衡量的标准。

请看下面几段话：1. 您看，这么晚了还来打搅您，真过意不去。您要休息了吧？真对不起，对不起……2. 我不同意这个意见！我明确表示不同意。不管你们怎么看，我就是不同意。3. 那不是我说的，我怎么会那么说呢？您想，我能说那种话吗？那确实不是我说的。我怎么会那么说呢？您想，我能说那种话吗？那确实不是我说的。

上面的几段话，初听起来似乎有些"废话"，但都是为了增强表达效果不得不说的"废话"，是必要保留的语言的"冗余度"。第一段是表示道歉的话，重复几句显示了态度的诚恳；第二段话中的重复是为了表示说话人态度坚决和不容置疑；第三段则是说话人急于表白自己心情而采取的必要的重复。这种语言现象在社交场合经常出现。

由此看来，社交口才的多少适量，并不排除为达到说话目的的必要重复，而是指根据对象、环境、时间的不同，该多说时不少说，该少说时不多说。有的人自我介绍罗罗嗦嗦，说上半个钟头还不停，批评起来没完没了……这样既影响说话效果，又影响自己的社交形象。

适量的社交口才还包括声音大小适量。大庭广众之中说话音量宜大一

点，私人拜访交谈音量宜适中，如果是密友、情人间交谈，小声则可以表现亲密无间、情意绵绵的特殊关系，给人一种亲切感。这些都是在社交场合与人交谈应该掌握好的。

3. 要适度

1988 年美国总统竞选，民主党在选民中造成了布什是毫无独立主张的这一印象，他们甚至称"布什是里根的影子"。在交谈时，民主党人总爱用挖苦的口气问："布什在哪里？"这个问题该如何回答才恰到好处呢？布什的竞选顾问、老资格政治公关专家艾尔斯，为布什设计了一个回答："布什在家里，同夫人巴巴拉在一起，这有错吗？"

这一回答，体现了强烈的针对性和恰如其分的分寸感的结合，有很高的艺术性。试想，如果你在社交场上遭到别人挖苦时，就马上抓住对方弱点，给以迎头痛击，那将产生什么效果呢？也许你自认为是胜利者，可在别人眼里，你却是一个心胸狭窄不善言辞的人。而艾尔斯为布什设计的回答，却为布什的政治家风度增添了不少光彩。

社交口才的适度，主要是指根据不同对象把握言谈的深浅度，根据不同场合把握言谈的得体度，根据自己的身分把握言谈的分寸度。其次，体态语也要恰到好处。

第二章 校园中的交际礼仪

学生是学校工作的主体，因此，学生应具有的礼仪常识是学校礼仪教育重要的一部分。学生在课堂上，在活动中，在与教师和同学相处过程中都要遵守一定的礼仪。

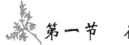

第一节 在学校怎样与同学交往

同学之间的深厚友谊是生活中的一种团结友爱的力量。注意同学之间的礼仪礼貌，是你获得良好同学关系的基本要求。

一、在班集体中的交往

从一上中学始，我们每个同学就有了自己的班集体，就和这个集体结下了不解之缘。同学们在集体中学习、生活和活动。为了有良好的人际关系和融洽的集体氛围，每个中学生应努力从自己做起。

1. 用行动为集体增光

北京市某中学高中某班有这样一位女同学，在学校田径运动会上，她参加 4×400 米的接力赛。在终点前的 100 米比赛中她咬紧牙关，使尽全身力气奋力向终点冲刺。而当她的双脚刚刚踏过终点线时，身体像散了架似地瘫倒在地上。脸色苍白，呼吸急促，身体痛苦地抽搐着。

看着她难受痛苦的样子，同学们都流出了眼泪。过了两个多小时，她才慢慢恢复过来。医生问她，为什么这样不要命地跑? 她说，当时自己只有一个念头：为了集体取得好成绩，豁出命也要争。是的，在这赛场上的一瞬间，集体在她心中重千斤。她用自己的行动，赢得了同学们的好评。

这位同学在集体活动中表现出了良好的个人品质：意志坚强，较强的忍受力、自制力。爱护班集体，这是她人际关系好的基础。

2. 增强集体意识和相互理解

在集体中，也有同学不合群，常常游离在集体之外，这样下去，不但在集体中感觉不到温暖，一旦脱离集体，就会寸步难行，甚至出现悲剧。某中学有一个班，集体外出。同学们从宿营地出发，在当地向导的带领下去爬山的时候，有个同学觉得和集体在一起玩受限制、没意思，于是自己留在宿营地没有一同去。

当同学们归来，兴致勃勃地谈起山上的景色多么美好的时候，这个同学又十分后悔没有去观赏这大好的景色。于是，自己一个人悄悄地向大山进发了。当全班集合准备返回学校时，大家才发现这位同学不见了。师生心急如焚，在当地老乡的指引下，全班分头去寻找。最后，在一座山崖下发现了这位同学血淋淋的尸体。

如果这位同学不离开集体，即使遇到困难和危险，也会得到集体的帮助。这血的教训，难道不值得我们深思吗？当然，这是一个极端的例子，但是它留给我们的启示是多方面的。

（1）学会在集体中交往。

有的同学总埋怨集体对他关心帮助不够，而自己究竟为集体为同学付出了多少，他却很少去想。其实一个温暖的集体，正是需要它的每一个成员作出无私的奉献。如果人人只想索取，不想去关心别人，那么友爱温暖的集体又从何而来呢？

回想一下你所生活的班集体中，有多少热心为集体服务的好同学啊！当他们用自己的双手把教室打扫得干干净净的时候，当他们辛辛苦苦花了几个小时才出好一期黑板报的时候，当他们骑车几十里去看望生病的同学的时候，这些虽然占去了他们许多宝贵的时间，付出了许多许多……

但是，他们得到的更多，因为只有为集体为同学服务的同学才会得到同学们的真诚感谢，享受到人生的最大快乐和幸福。著名科学家爱因斯坦生前说过："一个人的价值，应当看他贡献了什么，而不应当看他取得了什么。"

爱因斯坦的一生，不但为科学发展作出了杰出的贡献，同时更把全部的热情与生命献给了全人类。伟大的共产主义战士雷锋，他平凡而光辉的一生，无时无刻不在实践着自己的诺言："自己活着，就是为了使别人过得更美好。"

这种无私地为集体为同志作奉献的精神，激励着几代学生、青年，使他们热血沸腾。今天的中学生仍应努力地从每一件小事做起，从自己身边做起，让雷锋的精神不断发扬光大，让雷锋永远活在亿万人民的心中。起码，像那位跑步的同学那样，尽自己的努力，为集体做贡献。那你就不仅是付出，更多的是得到。

（2）学会了解同学的内心世界。

同学们在交往过程中，一般容易停留在对对方的外部特征的了解上，不善于了解对方的内心活动。这种感知的不灵敏和理解的不深刻会影响人际关系的深度和融洽性。

上述事例中，那个离群遇害的同学，既有他自身的问题，也有我们对其缺乏了解和及时开导的教训与遗憾。因此，我们每一个中学生在与人交往时，不妨努力做到善解人意，助人为乐。

（3）豁达、热情。

我们每一个中学生每天都和同班的几十位同学生活学习在一个班集体中。几十个人有着不同的家庭环境，有着不同的生活经历，有着不同的性格爱好。交往中难免发生磕磕碰碰的事情，同学之间，个人和集体之间常常会有利害冲突。只要我们有一个豁达的胸怀，有一颗关心他人赤诚的心，有一腔为集体服务的热忱，又有什么矛盾不能克服，又有什么烦恼不能抛弃呢？

用你的真诚去爱别人，必然会得到别人真诚的回报，那么你所生活的集体在你心中，将永远是一个暖融融的集体，你将永远快乐幸福，真正感受到生命的价值。

（4）摆正集体与个人的关系

一个人离不开集体，正像一滴水离不开浩瀚的江河大海，否则会干涸一样。一滴水的寿命是短暂的，但当它汇入海洋并与之溶为一体的时候，它就会获得永生。一片雪花微不足道，然而，它"分才一毛轻，聚

第二章 校园中的交际礼仪

成千钧重"。

一粒石子固然渺小，但"高山不择细土，故而能成其高"。一个人又何尝不是如此呢？如果我们离开了所生活的集体，离开了同学，我们的生活将失去阳光。

二、异性同学之间的交往

中学生之间的交往，可以说是他们日常生活中人际交往的主要内容。而异性同学之间的交往又是其中平常、自然和不可避免的重要部分。由于异性同学交往中存在着历史和文化的影响，所以这种交往或者带有心理障碍，认为男女同学之间不应接触；或者带有浓厚的情感色彩，并在特定条件下产生越轨的行为，形成"早恋"关系。因此，不少中学生（也包括相当数量的大学生）对异性交往既敏感，又棘手；既关心，又苦恼。

既然异性同学之间的交往是必要的和敏感的，那么就很有必要认真地从当前中学生异性交往的状况、同学们的认识水平、促进异性同学交往的一般因素、异性同学交往类型等方面来分析其中正面的经验，反面的教训，以引导中学生积极、健康地进行异性之间的交往，创造良好、和谐的人际交往的环境。

1. 两份调查报告的启示

（1）对初中学生的调查。

为了了解初中学生在与异性同学交往中观念态度与行为方式等现状，1991年，北京市教育局曾对三所中学初中学生共135人（其中男生66人，女生69人）参加了"三校初中学生关于男女同学交往现状"的调查。调查问卷的内容都是同学们日常交往中经常碰到的事情。调查结果如下：

①认为男女同学间的交往是平常、自然的事的同学为126人，占总人数的93.3%。

②在与异性同学的交往过程中，认为不应接受异性同学的馈赠，这是保持友谊的分寸和礼仪的需要的同学为123人，占总人数的91%；只有12人，占0.8%的同学持"不同意"的态度。

③遇来自异性的挑逗和侵害时，是勇敢地自我保护还是求助于自己信赖的长辈、老师和同学，对这一问题回答时，122人，即90.3%的同学认为

上述两种作法都对，只有少数同学回答不知道，不知怎么办好。

④在回答"与异性同学接触中，产生了性冲动，该怎么办"时，120人，即88.8%的同学认为应该冷静、理智地自我控制。

⑤在回答"什么是青春的魅力"这个问题时，108人，即80%的学生认为在装束打扮上保持青春的自然美，要有健康的身躯，要有健美的体魄，描眉浓妆不适于中学生。

⑥有107人，即79.2%的同学认为勉强异性同学答应自己的要求或硬塞小条子给人家，都是不礼貌，不尊重人的粗鲁行为。

⑦有95人，即70.3%的同学认为在与异性同学交往中，有意碰撞或有意接触对方身体是有失礼貌和有辱个人自尊的行为。

⑧有95人，即70.3%的同学认为当异性同学向你表示爱慕、追求时，应理智地拒绝，而不伤害他（她）。

⑨有94人，即69.6%的同学认为在晚上或在偏僻的地点邀请异性同学单独活动是不礼貌、不慎重的。

⑩回答"你喜欢与什么样的异性同学交往"时，按人数多少，排列的顺序如下：

品德高尚、有理想、有追求的：35人，占35.9%。

长得漂亮、有风度的：27人，占25%。

性格好、脾气随和的：27人，占25%。

善于交际，善于谈吐以及知识面宽，善于思考的：15人，占11%。

生活能力强、能吃苦的，有文体特长的：均有10人左右，占到1%左右。

学习好的：仅1人，占0.01%。

从调查结果中不难看出，当前初中男女同学交往的主流是健康的，学生态度明朗、观点正确。但在如何进行自我保护、怎样交往才算得体等一些具体问题上，学生还有不清楚的地方，或者有一些模糊认识，需要老师、家长在理论与实践上进一步进行指导与帮助。

（2）对高中学生的调查。

在对初中学生与异性交往现状问卷调查的同时，我们还进行了对北京四校高中学生男女同学交往现状的调查，参加者有192人。

调查问卷中列举了高中学生中的8件事，对每件事都设置了3种不同的

处理答案，请参加调查的同学把符合自己观点的答案字母填在□里，并欢迎写出自己的见解。

这8件事如下：

第一件事：小刚与小娟不仅住家很近，而且同班，十分要好。食堂里，一人买饭，两人分着吃；吃完饭，肩并肩，遛弯儿，散步；放学后，两人凑在一起做功课，接着聊天、消遣，旁若无人。同学们对此议论纷纷，他们对此却全然不顾，只当耳旁风。他们说："我们就是爱在一起，碍着谁啦？少见多怪。"

同意A，即"我行我素，不必听别人议论"的，有51人，占26.5%；同意B，即"对这种事，最好不管不问"的，有51人，占26.5%；同意C，即"已经超出同学间正常交往范围，违反校规，影响校风、班风"的，有40人，占20.8%。

我们分析认为，选择A答案的同学是从这两个男女同学的立场出发的。选择B答案的同学是从旁观者的角度出发的：他们认为只要两人的交往不越轨，不做出格的事就不要干涉，也不用怕别人议论，况且也有不少人认为两人在一起，并不一定是谈情说爱，表明了他们对个人私事不要干涉的态度。选择C答案的同学态度鲜明，他们认为男女同学如此不分场合、不顾影响的交往是不得体的，有损班风与校风。我们认为这种看法是客观的、正确的。高中男女同学的交往原则应是互相尊重、有分寸，符合中华民族的伦理道德规范。

第二件事：由于筹备和参加那次智力大奖赛，小石（男）和小王（女），这两个高材生之间的感情发生了微妙的变化。他们虽不在一个班，但经常在一起谈笑、聊天，被大家公认为"一对儿"。他们认为：中学时期，没有异性好朋友就算了，既然有了，又是那么自然产生的感情，感情那么美好，就应该珍惜和发展它。

对这件事，95人，占49.4%的同学认为男女同学有了感情应该珍藏起来不必流露，爱情的种子还未到发芽的季节，还未有适合生长的土壤。但是也有一部分同学认为可以默默地主动地发展对异性朋友的感情，只要不影响学习、不带来坏影响就行。也有一部分同学认为可以顺其自然。对这件事，我们认为理智的做法是珍藏起来，暂时就此止步。

第三件事：她，生性活泼，聪明伶俐，是文娱活动的积极分子，校运动会上的学生播音员。她有很多异性朋友，都很要好，也很谈得来。她觉得跟他们在一起，长知识，开阔眼界，很愉快。但她又很烦恼，她的那些异性朋友，有时竟为了她而闹些矛盾，甚至还打过一场架，她疑惑了，说："难道广泛交友错了吗？"

对这个问题，有98人，即占51％的同学认为中学阶段男女同学间的交往应该广泛些，同时应在集体中。一般来说，能广泛与异性交往的同学，也应该能与同性同学广泛交往。仅偏重与几个异性交往，关系密切的人，确实会引起不必要的误会与矛盾，应注意克服这种偏差。这些同学的看法应该说是正确的。

第四件事：小方的父母真的动怒了，指着小方怒斥道："你，一个18岁的大小伙子，居然那么轻率，对女孩子动手动脚，甚至还干出拥抱、接吻的事，如此出格的事，你要对女孩子负责，做人要讲道德……"谁知小方竟满不在乎地说："我们只是感情需要，无须承担什么责任，说不上道德，你别操那份心……"有132人，即占68％的同学认为与异性同学拥抱、接吻，对中学生来说是出格的事，是与我国国情与传统道德相悖的事情。

第五件事：大班长简直变成了另外一个人，不再满腔热情地助人为乐，不再专心致志地听讲，精神恍惚，学业一落千丈。据他最要好的朋友透露：大班长碰钉子了。他给心目中的"她"写了一封热情洋溢的"信"，她拒绝了。大班长受不了这个打击，忧郁、失落的情绪像一张无形的大网死死地笼罩着他。

对这件事，不少同学认为中学生本不该写情书，大班长自作多情，不理智；少部分同学认为"她"太无情了。有142人，即占73.9％的同学认为一个有追求、有作为的男子汉在向异性同学写求爱信被拒绝后而颓唐、精神不振，是浪费青春的、不值得的表现。

第六件事：她，还只是个初二的学生。她只崇拜、信任一个人——他们学校高中的那个学生会干部。她主动写信给他，经常尾随着他。一次，她给他写了一封信誓旦旦的求爱信。他大吃了一惊，说："我只当她是个小妹妹。"有107人，即占55.7％的同学认为初二的那个小女孩因崇拜而给高中那个学生会干部写信求爱，是因为初二女孩太幼稚，太不懂事了。但也有一部分同学认为，那个学生干部早应有所察觉，他负有一定责任。高中学生与初中学生在交往过程中，高中学生有指导、帮助低年级学生的责任。

第七件事：她从新年联欢会上回来后，心情十分轻快，她为自己两年前的克制行为庆幸。那时，她是那样地喜欢他，喜欢他的谈吐、长相与才干。一次，正当她要把"信"塞进他书包时，她记起了老师说过的一句话："时间，有时会让人改变对一个人的看法。"于是，她没有迈出这一步。两年后的今天，她发觉，他已经不那样地吸引她了。

对这件事，问卷上设置了三种答案：

A. 克制自己的冲动行为，对自己的健康成长是很有必要的；

B. 没必要克制，喜欢时就表现出亲热，不喜欢就分手；

C. 如果她与他相好后，他的缺点也许不会发展。

虽然对 B、C 答案，也有一部分同学持同意的看法，但有 161 人，即占 83.8% 的同学选择了 A 答案。他们认为克制自己的冲动行为，是一种理智行为，有利于自己的健康成长与进步。

第八件事：他们班谁都知道，他俩曾经有过那么"一段儿"，后来闹翻了。不知为什么，从那以后，她的自行车经常被扎，她的本子上经常有人画上一些意识下流的图案，有几次在回家的路上，几个不相识的人，偏偏在她面前说、笑、打闹，故意挑逗她，她气哭了。她知道这些事都与他有关。

本题有三个答案：

A. 不成"好朋友"，就成"大仇人"；

B. 指使别人干坏事，侮辱他人人格，不道德；

C. 咎由自取，她活该如此。

有 150 人，即占 78% 的同学明确指出，对与自己好过一段的异性同学，在分手后指使别人对他（她）干坏事、侮辱异性同学的人，人格是极不健康的。

综合以上答案，我们不难看出，高中学生在与异性同学交往中，态度严肃、冷静，注重道德与人格，主流是积极、健康的。当然，也有一些同学存在着若干模糊的、不正确的认识，有待于提高。

上述两次调查给我们的启示是，当前的中学生对异性交往的认识，从总体上来看，大部分同学是积极的、健康的、冷静的，表明他们的自制能力、独立意识在增强。少数同学的模糊认识，甚至错误行为，只要老师、家长积极引导，中学生自身不断提高思想、道德素质，注意行为规范，是能够逐步克服的。

2. 促进异性交往的因素

从调查中发现，促进中学生异性之间的交往主要有以下几个因素：

（1）学习和求知因素。

这是促进中学生异性交往的主要因素。同班、同级、同校的异性同学之间，由于共同的学习环境和求知的欲望，他们彼此交往的机会比较多，接触也比较方便。平时学习上的互相帮助，工作上的互相配合，信息上的互相沟通，以及集体组织的课外文体活动、义务劳动、知识竞赛、演讲等，增加了异性同学间的相互了解、相互信任、相互激励，容易在异性同学之间建立起友谊。

（2）环境因素。

由于住家同在一个机关宿舍区、大院内，或同在一个县、区、街道，地缘感情、联系的方便，促使一部分即使不是一个学校的异性同学之间产生交往。课余时间或节假日，这部分异性同学容易聚在一起，或交流各自学校、班级的情况信息，或在一起谈天说地，或结伴外出游玩。有时过生日或节日还能相互庆贺，互通有无。

（3）社团因素。

因为同属某一个社团兴趣小组、小队，如手风琴、舞蹈、交响乐团、田径队，男女同学经常在一起，互相探讨共同感兴趣的事，从中互相学习，取长补短；尤其是体育运动的爱好者们，经常的训练与比赛，使男女同学增加了交往的机会。

（4）偶然因素。

一些特殊的场合的接触或一些意外的巧遇，也会使异性同学之间建立联系、产生交往。例如，一位女同学，在上学的路上车子突然坏了，得到了一位原来并不相识的男同学的帮助，她很感谢，并由此开始了联系，并成了朋友。这种由偶然因素所形成的异性交往，由于相互缺乏深入地了解，有时也会产生不良的后果。由于以上几种因素的内涵不一样，因此交往的方式和内容也往往不一样。

3. 异性同学交往的类型

对于男女学生的交往，专家们分析，有的适度，有的过分，有的拘谨，

有的大方。归纳起来，可分为以下 5 种类型：

（1）健康友谊型。

对中学生来说，基本上是以班级和集体活动中交往为主。上课学习，文体活动，男女同桌，自然而普遍。异性交往表现在：谈学习、谈工作、表扬、批评、互相帮助。这种正常的异性交往，自己不感到拘谨、羞怯，更没有向恋爱方面发展的倾向。

即使在学习、生活中相互帮助产生了好感，或因异性的某一方面深深吸引了自己，一般也能克制感情的冲动不流露，把这份不成熟的情感深藏起来，让其经受时间的考验。从而相互尊重，不干扰，交往停留在适度的水平上。这种异性交往对中学生的学业与身心健康有着重要的作用，是一种值得提倡的异性交往类型。

（2）害怕羞怯型。

本来男女正常交往，有利于各自身心健康发展。但在有些中学生中，有一种由于见识少、封建意识较重的观念，认为男女同学交往肯定无好事，因此害怕异性交往。这是一种陈腐观念所造成的。另有一种内心尽管渴望与异性接近，但表现为对异性疏远、回避，在异性面前羞怯。

这两种情况属于暂时性的交往障碍，随着年龄的增长、知识面的拓宽，会有所改变。

还有一些中学生，有自卑心理，认为自己长相难看，或经济拮据，或不善言谈，因此怕异性同学看不起自己，怕与异性交往时遭到拒绝与冷漠，因此干脆不与异性交往。这种同学，应提高自信心，真诚对待异性同学，大胆与异性同学交往，培养与异性交往的能力，改变自卑、胆怯状态。

（3）"早恋"型。

由于生理、心理发育的逐步成熟和受某些传播媒介（如一些影视、报刊）的影响，少数中学生不能控制自己的情感，在异性交往中格调不高，以搞对象、交朋友为目的，有的还产生单相思的情况。这种"早恋"型的交往方式往往使这些同学学习成绩下降、精神状态不佳。

这种与自己年龄、身份不相符的交往方式，有时还会出现人际交往中的矛盾。例如，有的男同学就不喜欢自己喜爱的女同学与其他男同学交往，为此有的男同学之间就曾发生打架的现象。也有极个别男同学强迫女同学与自己进行不适当的交往。中学生中"早恋"型的异性交往，不利于他们的健康成长。

（4）追逐骚扰型。

极个别男学生，对长得漂亮的女生追求、骚扰，造成不良影响。例如，某校九〇届曾有一位长得漂亮的初一女学生，她明眸皓齿、端庄可爱，老师和同学都很喜欢她。可有一段时间，发现她情绪低落、表情忧郁。后来，老师、家长再三做工作，她终于讲出原因。

原来有几个男学生骚扰她，有事没事就在她的班级周围叫着她的名字，有的甚至在放学的路上尾随她，强行要求与她交朋友，搅得这位女同学心神不宁，压力越来越大。后来终于在老师、家长的干预下，平息了这件事，使这位女同学重新振作起来，那几个男学生也在老师的严厉批评教育下，改正了自己的错误。

上述这几个男学生在与异性的交往中，其言行就不够自尊、自重，甚至放肆、粗俗，既给别人造成精神上的压力，也使自己的形象受损。追逐骚扰型发展下去可能导致违法犯罪。

4. 异性同学交往的原则

异性同学之间健康、积极的交往应遵循以下几个原则：

（1）健康、文明的原则。

异性同学之间说话要文明，切忌粗话、脏话；举止要大方，对待异性不可拍拍肩膀，打打闹闹，随便轻浮；尊重对方，不可拿对方开心取乐，甚至不尊重异性感情。

（2）选择场所与时间适当的原则。

异性同学交往，不可在阴暗、偏僻的场所，而应在公共场所；不可在晚上单独交往，以防止各种性意向的幻想发生；到异性宿舍，应得到准许，且不应停留过长时间。

（3）保持一定距离的原则。

男女异性交往本身有一种自然的吸引力，因此，若男女同学交往距离太近，且身体接触，人的性器官会感受刺激而产生条件反射，出现性冲动，甚至越轨行为。因此，男女中学生接触，应注意保持一定距离，这也是一种礼貌。

遵循这些原则就能使男女异性同学之间的交往保持文明、积极的氛围，

并能避免一些不当行为的出现。

由于中学生的心理、生理发育已经基本成熟，异性同学之间彼此渴望接近，并比较注意显示自己和吸引异性。男女学生在一起学习、娱乐、交谈，双方有一种愉悦的心理感受，这些应该说都是正常的、可以理解的。有些活动，如文娱表演、拔河比赛、劳动，甚至会餐，如果没有异性同学参加，他（她）们就会感到缺少趣味、缺少气氛。

有人做过这样的实验，某一组男生在一起劳动，据反映，打闹、说话粗鲁、行为散漫的现象严重。后混合编组，情况就大不一样，男女同学劳动热情比较高，举止比较文明。专家们分析说，这是因为男女同学在一起学习劳动或娱乐时，一般特别注意自己在异性面前的形象，也都希望异性对自己给予满意的评价。

社会学家们指出，异性交往是人际交往的重要内容，如果没有异性交往，那么人类社会就要停止。但是如何正确交往，这又是学生必须学习的课题。

中学生男女同学之间的交往应该在老师、家长的指导下，积极健康地进行，学校和老师更应主动为异性同学之间的交往创造良好的环境和氛围，这不仅有利于提高中学生们人际交往能力，而且对于稳定学校教学、教育秩序、活跃气氛、避免意外事故的发生，都有积极的意义。

中学生们自身更应积极、健康、大胆地进行异性之间的交往，不断提高人际交往能力，同时，在交往中也应注意遵循一些原则，使这种交往有益、适度。中学生们正是学习、成长的黄金时期，极少数同学在异性交往中其言行与学生身份不符，甚至有越轨行为，这些都是必须加以克服的。

三、打听同学隐私不可取

学生具有良好的交往礼仪不仅有利于交往的畅通，也体现着自身的文化修养。现代社会对个人生活隐私保护日益重视。同学之间更要注意相互尊重，对于家庭情况、身体状况等个人信息不要相互打听、传播，以免给别人带来不快，给自己带来麻烦。

1. 保护个人隐私

不少体检部门为了进一步保护学生的隐私，出台了相关方案。上海杨浦区就为学生提供了个别检查、单间检查、预约检查的服务。一位高三学生觉得这样的新规定非常人性化，"比起 3 年前的初中毕业体检，感觉轻松多了"。

学生们对于隐私的概念是在生活中逐步建立的，这也要求同学之间互相尊重。打探隐私的行为有失礼貌，这多半是学生们并不清楚隐私的概念所造成。初中学生王琳表示："我不太清楚隐私都包括什么，但有时我不太愿意把家里的电话告诉别人，一些同学就会觉得我小气，其实这应该是个人的自由。"

还在读高三的一位学生告诉记者："一次我得了重病，在家休息了好长时间。回到学校后，很多同学都追问我到底得了什么病，让我觉得心里不太舒服。毕竟有些问题是难言之隐，我真的不愿意让更多的人知道。"

2. 言行间注重他人感受

在校园中，同学之间的相处是非常密切的，涉及隐私的地方不可避免。目前还没有一条成文的规定，该用何种具体的文明方式尊重他人的隐私，这个礼仪问题需要学生自己去体会、去学习、去建立。

打探隐私固然是不可取的，一些学生因为年龄和阅历的关系喜欢问长问短，虽然没有恶意，但在无意中可能涉及到他人的隐私，从而招致反感。也有学生把自己了解到的有关其他人的重要信息随意传播，给人带来不必要的麻烦。因此，学会适当收起对他人的"好奇心"，约束自己的言行，才会加深同学间的友谊。

作为学生还应该了解隐私的概念，比如同学的家庭情况、个人信息等等，在别人不愿意透露的情况下，应表现出尊重的态度，而不是一再地追问。要知道，忽略别人的感受随意打探，只会招致他人的不良情绪，甚至伤害彼此的感情。老师和家长也应帮助学生体会隐私概念，适当体验伤及隐私时的痛苦感受，用引导的方式教育孩子。

四、同学间借东西打声招呼爱惜用

学生具有良好的交往礼仪不仅有利于交往的畅通，也体现着自身的文化修养。日常生活中，需要使用别人物品应该征得主人允许，这是学生学习如何待人接物的重要环节，是发展学生社会技能的重要任务。通过一件件小事，应该善于发展良好的交往能力，培养自身礼貌的行为习惯。

1. 不说就借损伤友谊

《中学生日常行为规范》中规定：未经允许不进入他人房间、不动用他人物品、不看他人信件和日记。类似的条款在很多学校规章制度中较为常见，但一些学生对此并不重视，有时甚至认为朋友之间可以不分彼此。

初中学生黄宁表示："现在学生中手机的普及率挺高的，我的新手机买了不到两天就被同学拿走了，虽然他把他的手机留给我，说是换两天使使就还，但从心里我并不愿意。"如果说中学生对这样的基本礼仪还不了解的话，大学中却也同样存在着不打招呼就使用别人物品的问题。

一位重点高校的学生崔佳告诉记者："寝室中某位同学买了电脑，有时候就成了公用的，室友们有时问都不问就随手把机器打开，走时又不关机。这种行为令人反感。我觉得使用这样贵重的物品应该事先征得主人的同意，更何况电脑中有很多贵重的资料或者一些隐秘的文件，同学间应该彼此尊重，不能随意使用他人物品。"

2. 礼数在先体现尊重

使用他人物品要事先征求主人的意见，经过允许才能够顺理成章地使用，否则不仅丢失了基本的礼貌，也会损害彼此之间的关系。看似简单，但这个道理确是我们平时做事的一项基本规则，忽略掉这些规则，也等于忽略了他人的感受。

清代的《弟子规》明确地告诉世人"不商量就拿叫做偷"。虽然今天我们不能一概而论，但不打招呼就随意使用他人物品却是非常不礼貌的行为。北京人讲求"礼数"，进房间前要先敲门，即使是空屋子，我们也应该遵循这样的程序，以免给人唐突的感觉，造成不必要的误会。这个"礼数"体现的就是一种做事为人的规则。

同学之间的友谊需要互相包容、细心经营。使用同学的物品，应该礼貌对待，征求了主人的意见，会让对方有受到尊重的感受；相反莽撞行事，不仅导致误会产生，也会令彼此的关系变得淡漠。因此，同学间应该提倡尊重他人，养成良好的交往习惯。注重礼仪文明培养，是保障彼此关系和谐健康发展的基础。

使用他人物品应该征求主人的同意，同学间即使关系亲密，也应该事先打好招呼，不要想当然地认为关系好就随意动用他人物品。

在学校应该爱护设施，对公共财产有责任保护。在未经得允许的条件下，不可使用校内设施，以免造成损坏。

同学间使用他人贵重物品，如手机、电脑等，要格外爱护。借用物品提前约定好时间，定期归还。

五、同学之间莫攀比斗富

改革开放后，人们对财富的理解逐渐发生了变化，对金钱和奢华的过分追求成为一少部分人的生活目标。奢华风同样不可避免地刮进了校园，一些学生受社会风气的影响，同学之间互相攀比：印名片买手机，甚至个别富家子弟出门宝马手提 LV，戴着钻戒进课堂，实与中华传统节俭美德不相符。

1. 学生发名片虚荣心使然

一些学生赶时髦互赠名片，这多少反映了部分学生追求时尚的心理，不可避免地增加家长的经济负担。有些同学还将父母的官职、家庭收入都印在了名片上，这种行为则是炫耀家庭的不健康行为，引起众多老师及家长的关注。

学生互赠名片，从根本上弊大于利。部分学生名片上显示的荣誉、财富都是属于父母的，不是学生应该拿来炫耀的资本。但这样简单的道理，学生还不是很理解。长此以往，会助长同学之间比父母、比家庭财富的不良风气，不但影响学习，还会影响同学团结和心理健康。

另外，这些名片一旦落入不法分子的手中，很可能会严重威胁到自己以及家人的人身、财产安全。除非有特殊的活动，比如联谊会什么的，大部分时间里中小学生的活动范围都很小，所接触的人也只是熟悉的同学、老师而已，如果大家要加强联系，只要一本通讯录就足以解决问题，何必去印制名片？

一位重点初中的学生表示："在学校里炫耀的风气经常有，不仅仅是发名片，比如一些家庭好的同学买了新手机都要跟大家公布一下，生怕别人不知道。我觉得这种行为根本没必要，因为这不是自己劳动所得，没什么可值得炫耀的。"

2. 炫耀自己就是伤害别人

学生爱炫耀是一种符合年龄发展的正常现象，一些孩子争强好胜，有了成绩沾沾自喜是不可避免的。但什么成绩值得炫耀？什么是不能炫耀的？这些问题孩子需要在成长中不断学习，也需要教育者加强引导，给孩子指明正确的发展方向。

同学之间朝夕相处，暗中比较是难以避免的。孩子应该从小建立正确的思想观，先天的条件不是自己能力所建造的，不能够随意攀比。比如自己家庭条件很好，总是把一些先进的物品拿来向同学展示，自己的财富多于他人，不停地炫耀，类似的比较实际上是父母劳动的结果，跟自己的后天努力没有关系。这些行为虽然满足了自身的虚荣心，却难免伤害到其他同学。

攀比的心理还反映出学生的独立能力，同学之间可比较的应该是属于自身创造的价值，比的是个人的奋斗结晶。例如学习成绩、创造能力、思维能力，这些都是靠个体打造的，是每个人自身不断努力的见证和结果。这种比较不仅可以彼此激励，还可以培养学生的独立潜能。

教育家陶行知有一首著名的《自立歌》："滴自己的汗，吃自己的饭，自己的事自己干，靠人靠天靠祖上，不算是好汉。"这充分说明，学生的成绩应该靠自己不断实践，值得骄傲的资本应该是个体辛勤建造的。

3. 炫耀可耻

同学间应该互敬互爱，不要向对方公开自己的家庭财富，父母的工作头衔、社会地位不应成为炫耀的资本。个人财产应该妥当保护，一些贵重物品，如新手机、高档电脑、新款 MP3 等如无特别需要不必带入校园，以免给同学故意炫耀之感。

某些学生的炫耀性消费也会给家庭条件较差的学生带来心理压力。买不起名牌的学生有的会选择购买假名牌。因此，校园里有些学生在倡导高消费和超前消费的同时，他们的虚荣心态和炫耀行为也造成了一种示范效应，这对很多学生都会产生一种外部压力。类似的行为应该杜绝。

第二节 在学校怎样与老师交往

尊师重教自古以来就是中国的传统美德，"善之本在教，教之本在师"。教师是知识、伦理道德、价值观念的传授者，在社会上承担着"传道、授业、解惑"的责任，理应受到尊重。而尊重老师、向老师问好是尊师最基本的体现。

一、与班主任的交往

班主任是班集体的组织者与领导者，学生是班集体的主体与各项活动的参与者。教学、教育活动把班主任与学生紧密地联系在一起。

1. 学生与老师的一次交谈

有一次，高一几个同学来老师家问问题，释疑之后，他们聊起天来。有的同学说喜欢语文老师，有的说喜欢数学老师，有的说喜欢英语老师，其说不一。当我问"一般来说同学们喜欢什么样的老师当班主任"时，李红同学说："有不少同学喜欢青年教师当班主任，任课老师最好是老教师。"这看法有一定的代表性。

"为什么大家喜欢班主任是年轻教师，而不喜欢老教师呢？你们能仔细谈谈吗？"

李青说："青年教师随和好处，事少，条条框框少，好说话，有共同语言；老教师经验多，规矩多，管得多，要求严。"

张明说："我认为老教师当班主任好，他们教育有方，带班有经验，能把班带好，生活在优秀班集体里多幸运，这也是我妈的愿望。"她还说："我总觉得有些同学所谓的喜欢年轻班主任是口头的，而实际上又不听班主任的话，老师，您说对吗？"几位同学议论纷纷，各执己见，莫衷一是。

我们认为选择青年教师还是选择老教师当班主任，都无可非议。从主观上讲，可以选择；但从客观上讲，一般无法选择。因为从现行教育制度来讲，班主任是学校安排的。因此，作为某个同学来说，如何适应客观环境，这是最重要的。青年教师当班主任，这是必然的，是新陈代谢的规律所决定的。

同学们喜欢青年老师当班主任，这很好，然而，选择的出发点，对班主任管理教育所持的态度值得探讨。

近几年，刚毕业新分到学校的大学生约占教师人数的1/3，绝大部分都当了班主任。他们对工作认真负责，不怕苦不怕累，一心扑在工作上，但是他们工作中也遇到不少苦恼。有的同学不接受老师的管理教育，无视学校的规章制度，我行我素，课堂纪律涣散，不注意听课。班里学风不浓，任课老师有反映。班主任天天做工作，事倍功半，收效不大，这给他们从事教育的崇高理想泼了冷水。

于小兰同学说："个别同学对年轻班主任的工作不支持，而是钻空子。例如：开班会，班主任讲话时，有人根本不认真听，当作耳旁风，甚至闹出大笑话。期中考试时，某某同学居然没记清各科考试的时间，把考化学记成考数学，因而头天晚上全力以赴复习数学，第二天考化学时傻眼了，真是猴吃麻花——蛮拧。因为班主任动员考试时，他居然在看《希特勒》，宣布考试时间时，他记错了，使自己吃了大亏。这件事情发生后，某某很后悔，其他同学并没有引以为戒，整个班的纪律仍未有大的起色。"

张小艳说："我们班也有类似的事情，是有过之而无不及的。上次歌咏比赛时，我们班规定都要穿统一服装，男同学一律穿西装。为了借服装，王老师调动一切积极因素，动员家长、同学想办法，经过煞费苦心、千方百计的努力，终于借到了。可是没想到穿衣服比借衣服还难。临演出前，常某同学死活不穿，老师找他谈话，他仍然无动于衷，他说：'我没穿过西服，不喜欢穿西服，干吗非要求一律！'他固执己见，硬是不穿。那天下午快要演出了，老师又一次找他，甚至把家长找来做他的工作，仍然无效。最后，老师无计可施，只得这样说道：'常某同学，这件事就算我个人求你帮忙，老师有困难，你能不帮吗？'老师的真情终于打动了他，他终于答应了，为此，我们都非常佩服我们的青年班主任。"

李小刚说："我了解常某同学，他为人直率，没有坏心眼，能干，有特长，自尊心很强，有个性，不轻信别人，但有时处理问题不太冷静，怎么想就怎么说，甚至与老师发脾气。但是在演出穿衣服的问题上给老师出难题是不应该的。老师，您说类似这些事情的发生，能说是喜欢青年班主任吗？"

对以上同学谈到的两件事同学们应采取下列作法。

（1）做事要考虑后果。

同学们在认识上有许多误区，认为自强自立，就是想干什么，就干什么，干吗受别人或集体的约束。一个人，要想干事，做决定、有主见当然是好的，但不能盲目，要考虑所作所为的后果。有了这种能力，就能控制自己的情绪，就能随时提醒自己，办事就能如意了。做事只从自己的好恶出发，一般是孩子的行为，但是高中生已经不是小孩子了，有独立思考的能力，做事就不能不考虑后果了。

如果做事只凭主观愿望，那么个人行为就会影响集体，误了大事。这种不考虑后果的行为只能说明思想幼稚，是糊涂的表现。不难设想，如果常某同学拒绝穿西服而参加演出，那对集体会造成不好的后果和影响。果真那样，等他一旦觉悟，他会因自己的固执与不合群的行为感到后悔。

（2）加强群体意识。

群体是人们为了实现某种特定的目标而结合在一起的集体，是社会协作的产物。一个人进入青年时期以后，过群体生活的愿望更加强烈，人们的具体活动都是通过群体交往而定成的，任何人都不能离开群体。"群体精神"即集体主义精神，是一种美德。

任何一个群体都有一定的活动目标，有共同的价值和规范——群体成员一致认为应当遵守的行为标准。群体成员对社会现象、社会活动的一致看法和评价形成了群体价值。所以群体的每一个成员要有群体精神和群体意识，群体活动才能协调一致，才能实现其目标。群体成员如果违反了就会受到惩罚，被其他成员所孤立，甚至被驱除出群体，班集体这个群体也不例外。

当个人利益与集体利益发生冲突的时候，应首先考虑集体利益。常某同学不喜欢西服，其实穿不穿西服对他自己并没有什么损失，然而这次穿西服是为了演出，穿不穿西服就不是个人好恶的问题，它关系到演出的效果和班级的荣誉。因此，当他执意不穿西服，就是违犯了班集体的纪律，是不文明不道德的表现，是不能容许的行为。正如列宁说的："只要再多走一步，仿佛是向同一方向迈的一步，真理就会变成错误。"

同学们喜欢青年班主任是对的，但喜欢是具体的，而不是抽象的。对老师的尊敬、热爱，就应当对老师的工作给予热情的支持，而不是"拆台"，更不能帮倒忙。请牢记交际艺术中的"贵在热诚"。

总之，人与人之间，只要能做到与人为善，互相尊重，互相信任，互

相理解，互相关心与爱护，那么，无论家庭也好，群体也好，就一定能把关系搞得水乳交融，十分幸福和美满。

2. 学生与老师对班级管理的探讨

事情得从老师阅读学生的两封信说起。

第一封是小青给小芳的信：

小芳：

你好！转眼间已有两个月没有见到你了，你为什么不回学校来玩呢？我和林宁、亦文都非常想念你。升高中以后，竞争虽然更加激烈了，但学习成绩还是比较满意的。可是，生活中总不是事事如意，也有一些苦衷。我觉得高中老师比初中老师要求得更严了。老师越来越不了解我们了。我们的班主任是新调来的教语文的金老师，不到50岁，规矩可不少。她规定，课间操必须在5分钟之内到达操场，不争第一，也要争第二，真像军训一样，如晚了影响了班集体就要挨批评。

她还规定在教室里，中午时只能休息或做作业，不能大声讲话，更不许吵闹。我记得在期中考试时，方听他们组没做值日，挨了好一顿批评，第二天让他们补做……金老师真称得上是一位"严师"。她真不理解我们的愿望和要求。有一次，我和学习委员去找金老师，对她说，我们都是高中生了，有自我管理能力，用不着那么多规定，应多给我们点自主权。

金老师听了，她笑着给我们讲了一大通道理，从实践到理论，又是分析，又是比喻，中心意思是，高一是高中阶段的基础，班里工作必须抓紧；如果自由散漫，无拘无束，就培养不出严谨的作风，同时，没有一个积极向上的班风，也会影响学习。她还希望我们要高瞻远瞩，要面向21世纪，说这是培养未来建设人才的需要。

小芳，我真不明白，金老师怎么不怕操心劳累，怎么那么多理论，她用60年代塑造他们的灵魂来要求我们，这是不是代沟在作怪呢？我希望生活空间大些，生活得潇洒些，你说对吗？我想你也一定有同感。

祝你

永远快乐！

好友小青

4月5日

第二封是小芳给小青的回信：

小青：

中考失误，使我不得不离开母校。当我从学校取回被××中学录取的通知书时，我的眼泪奔涌而出，伤心极了。当时，我飞快地离开母校，生怕见到熟人，但我的心却留在生活了3年的校园里。中考失误是我终生的遗憾，我被这出乎意料的结果压垮了。

在新的学校里，老师推荐我当了文娱委员，也许是我在学籍表上填了喜欢文艺，也许是因为老师对我这个来自重点中学的学生的重用。你是最了解我的，我从来没当过干部，刚上任，还觉得挺新鲜，来它个新官上任三把火。我确有信心把工作做好，为母校争光。

我刚上任不久，就组织了"国庆节"联欢会、新年联欢会等活动。这学期又面临"红五月"歌咏比赛，我动员全班同学献计献策，参加选歌，中选者有奖。结果，我们选的都是些流行歌曲，班主任老师全给否定了。她说流行歌曲不适合在比赛中演唱，应该选择那些弘扬爱国主义精神的革命歌曲，从而使同学们在演唱中受到一次革命传统教育。老师一锤定音，我的心血全白费了。

看了你的信，我更体会到咱们是心有灵犀一点通。我们这一代是开放的一代，怎能去适应上一代人的条条框框？如果青年人总是循规蹈矩，社会能进步吗？老师定那么多规矩，管得那么严，总是按旧模式塑造我们，那么21世纪会是什么样子呢？

祝愿

未来更美好！

密友小芳

5月18日

小芳和小青的这两封信说明中学生们希望寻求正确的答案，以消除心中的迷茫和困惑。这的确是一份发人深省的问卷。它使人想到老师会不会被某些旧的框框束缚而产生认识上的偏见呢？

首先，两位同学都认为老师不理解自己，其实理解应该是相互的，同学们是不是理解老师呢？老师的呕心沥血、苦口婆心、从严的管教，其出发点都是为了培养一个先进优秀的集体，从而为同学创造一个良好的学习环境，同学们应该理解老师的良苦用心。

其次，小青信中谈到的老师管的太多、规矩太多的问题，其实这些规矩都是中学生守则的具体化。马卡连轲说过："纪律是集体的面貌，集体的声音，集体的美妙，集体的活动，集体的姿态和集体的信念。集体中的一切，归总起来，都摆脱不了纪律的形式。"

作为一个班集体不能没有纪律，而这个纪律就是《中学生守则》，班级的任何活动都要受《中学生守则》的约束，不得各行其是，肆意妄为。否则，这个班集体就成为一盘散沙，成为一个无组织无纪律的乌合之众，做任何事情都将一事无成。常言道："没有规矩，不成方圆。"只有遵守组织纪律和规矩，才能使这个集体具有强大的凝聚力，成为一个积极向上、朝气蓬勃的优秀集体。

在这样一个集体中，同学们个个好学上进，争先恐后，自然就会心情舒畅，具有良好的精神风貌，不仅对每个同学的学习进步和健康成长有好处，而且对自己未来事业的成功都具有重要意义。

培根曾说过："秩序，只有秩序才能产生自由。"卡莱尔也曾说过："不遵守规章制度的人，不能自由。"它告诉我们规章制度和自由是一个矛盾的统一体，自由不是绝对的，是相对的，是相互制约的，自由是在规章制度、秩序下的自由；没有规章制度，自由也就失去了存在的条件。比如从社会大的方面来说，如果没有法律约束人们的行为，那么就会使社会没有秩序；如果没有交通法规，各种车辆任意横行，大街上就会车祸不断，人仰马翻，还有什么人身安全、个人自由呢？

从小的方面看，如果一个人的行为不注意社会公德，我行我素，肆意妄为，就会影响他人或侵犯他人的利益。例如，有人在深更半夜还"摆长城"或开"家庭舞会"，大声喧哗或吵闹，就会影响周围邻居的休息和睡眠，势必遭到邻居的反对。同理，在学校里50多人一个班，假如每个同学都各吹各的号，各唱各的调，随心所欲，各行其是，那么这个班会成为什么样子？这是可想而知的。

班主任们都有强烈的事业心，高度的责任感，想在高中三年中培育一个优秀的班集体，使每个同学都能健康成长，成为跨世纪的优秀人才，这是老师的期望。正因如此，所以对同学从严要求，严格管理，认真、耐心地疏导。

同学们，你们理解老师的一片苦心吗？固然，有许多事情抽象来看是对的，但在具体的条件下并非如此。比如聊聊天，开开玩笑，是生活中的一部分内容，然而，并不是任何时候、任何地点都是对的。教室是同学学习的场所，在午饭后，有的同学聊天，甚至打闹，就影响了其他同学做作业和休息。由于得不到充分休息，下午上课时，有的同学就打瞌睡，影响听讲，以至影响学习成绩。因此，老师对同学从严要求，必须遵守规章制度是有道理的。

至于期中考试时，因没有做值日挨了批评，你们认为老师太不近人情，其实老师批评得有道理。在考试期间，同学偶而忘记打扫教室，老师怕影响同学的考试情绪，就亲自为同学打扫。这时，班里的干部或同学都争先恐后地夺笤帚，他们说，让老师打扫这太不好意思了。以后不扫教室的事情就很少发生了。可是现在，在考试期间，不做值日的事还时有发生，甚至老师帮同学打扫教室，同学无动于衷，袖手旁观，对这种现象，不能不引起人们的深思。

也许有的同学认为考试期间忙于学习，不打扫也不要紧，也许有的同学认为老师帮助打扫教室是应该的，其实这些想法都是不对的。因为《中学生守则》规定，要求学生要讲"五讲四美"，爱清洁讲卫生。一个清洁、干净的环境，不仅有利于学习，而且有利于身心健康。难道因考试忙就可以忘记了值日生的职责吗？试想，我们的教室连着几天不打扫，肮脏不堪，废物遍地，怎么会不影响我们的学习和考试呢！

老师出于关心我们，爱护我们，亲自为我们打扫教室，我们怎能袖手旁观。古人曾经说过："大丈夫处世当扫除天下，安事一室乎！"你们是跨世纪的一代，科技兴国，振兴中华的重任落在你们的肩上，因此，要锻炼自己能吃苦耐劳，手脚勤快，才能承担重任。连一个教室都懒得扫的人，怎么能担负起重任呢？

老师要求课间操到操场速度要快，到得齐，这是对同学的高标准严要求，这不仅可以锻炼身体，而且养成雷厉风行的好作风。当然，开始可能不习惯，慢慢就会习惯、适应了。抓好课间操锻炼，这是学校的传统，同学们有了健康的身体，将终生受益。

3. 吃饺子与师生情

这是一位任课老师的亲身体会。

"每逢新年，为搞好新年活动，各班的同学都兴高采烈，人人出谋划策。在新年联欢会上，同学们自编自演，载歌载舞，节目丰富多彩，真是八仙过海，各显其能，气氛热烈。有的班在演唱会之后，还吃团圆饺子，从而给联欢会增加了新年的传统色彩，把新年的庆祝活动推向高潮。"

"今年，我做为任课老师走遍了所任课程的每一个班，给同学们拜年，祝同学们新年快乐！学习进步！我最后到了高一 A 班，看到同学们正在忙团圆饭，有的在包饺子，有的在煮饺子、煮元宵，有的在吃饺子，而且组与组，同学与同学之间送饺子，一起品尝。当我来到他们面前，他们都热情地让我尝尝他们自己包的饺子香不香？看看他们拌馅的手艺如何？我深切地感到同学们的热情和关怀，以及班集体的温暖。我十分高兴，也很佩服班主任小刘，她刚工作两年时间，就把班里的新年活动搞得这么好，这跟她平时的努力是分不开的。"

"当我在人群中找到小刘老师时，她正熟练而紧张地擀饺子皮，生怕供不应求。她热情地招呼我坐下，让我多待会儿，和同学们一起热闹热闹。然而，在联欢会结束后，小刘老师竟然还没吃饭，她立刻赶到食堂，食堂又关门了。其他老师问她：'你们班不是吃饺子吗？你怎么没吃呢？'她摇着头没有说什么，后来，老师们才弄清真相，那班的同学只顾自己吃饺子，居然忘记了让班主任老师吃饺子。我记得1988年的新年联欢会，有一位刚刚走上工作岗位的青年教师，她在办公室里流下了伤心的眼泪。那年，因为她带的初三一班在联欢会上吃饺子，自始至终，她是擀皮的主力，可是班上没有一个同学让她尝尝饺子。"

以上事情发生在不同的年代、不同的班级，但产生的影响和后果是一样的。对此，许多老师百思而不得其解。

这种事情都发生在青年老师身上，反映了同学们在与青年班主任、青年教师的交往中存在的问题。其原因有三个：

其一，同学们认为青年教师是同龄人，因而在思想上模糊了老师与学生的距离。其实，师生之间由于社会角色不同，一个就是老师，一个就是学生。是老师，就应受到学生的尊敬、关心。年轻老师虽然比同学大不了几岁，但他们毕竟是同学们的师长，同学应该像对待老教师那样尊敬他们，理解他们，关心他们，否则，就会伤害他们的自尊心。

其二，有的同学思想上筑起了一道"防线"，即与班主任交往不能过热，要注意冷处理，免得同学们说三道四，怕同学们说"拍"老师，是老师的"红人"。因此，明知应该怎么做，而不敢去做，隔岸观火，故意冷落了老师。其实，这种顾虑没有必要，因为大多数同学是明辨是非、会正确对待的。对于少数人错误的言行，我们要敢于批评，对于正确的做法，我们要勇于坚持，大力提倡，这样才能建立起融洽和谐的师生关系。

其三，通过这件事也说明了我们同学身上存在的弱点——不懂得关心老师，关心别人。我曾与家长谈论过这件事，他们一致认为：现在绝大多数学生都是独生子女，可以说是"抱大的一代"。家长采取了保护型的教养方式，包办代替了孩子的一切生活事务，过分地关心、照顾，使子女始终处于父母的卵翼之下，只知享受，不知奉献。子女在家里成了"小皇帝"、"小太阳"。全家都视之为掌上明珠，众星捧月，一切都围着他转。

因此，在这种环境中长大的孩子就只知道有自己，难以想到关心别人，在学校就很难想到关心老师，特别是关心年轻老师。因而，他们认为老师为他们所做的一切都是应该的，所以发生这样的事情就不足为奇了。这是家长的肺腑之言，也是现身说法，可谓切中要害，道出根源。

新年活动年年有，可是上述事情再不能重演。作为中学生，特别是高中生，应该增强交际意识，提高交际能力。

"今天的中学生，未来之公民"，21世纪的竞争，实际上是现在这一代学生人素质的竞争。国家教委副主任柳斌向学生提出了四个学会的培养目标，即"学会做人，学会求职，学会办事，学会健体"。

试想，不会交际怎么会做人？不会交际如何求职？不会交际哪能办事？当然，交际能力的培养，学校和老师都有责任。要为培养学生的交际能力创造比较宽松的社会环境，通过实践，提高学生的交际能力。这是培养社会主义现代化建设人才的需要，是关系到国家、民族未来发展的大事。要做到这一点，要从大处着眼，小处着手，即从日常小事抓起。只有日积月累，才能发生质的飞跃。

比如：在学校集体生活中，要从自己身边的细小事情做起。新年吃饺子，这里边就存在一个学生如何和老师交往的问题。同学们处理得好，就会融洽师生关系。对此提出几点参考意见。

（1）祝词。

在班级新年联欢会上，首先要向班主任老师祝贺新年，祝贺他新年快乐，万事如意！这不仅是出于礼节，而且也是表达了全班同学对辛勤园丁的崇高敬意和诚挚的感谢，从而更加深了师生间的深情厚谊。

如果有任课老师和领导参加，班干部要代表同学热情接待，来时要全体起立，表示热烈欢迎，并表示良好的祝愿，安排座位；走时要起立送行，别忘了说："欢迎您再来。"

（2）热情礼让。

正如前面进过的，新年包饺子、煮饺子，应先让老师品尝，各桌都应热情地欢迎、礼让老师，师生就会亲如一家，也必将给老师留下不可磨灭的回忆。这一点，只要我们同学们意识到应该怎样做，一定会做得很出色。同学们会不断完善自己，不断提高自己的交际能力的。

（3）书信祝福。

这是一种更加庄重的礼仪形式。每逢"教师节"、"三八"妇女节、"十一"、新年等节日，同学们可根据节日的内涵，给各位老师写一封热情洋溢的感谢信，表达同学们对恩师的感激之情。老师对每一封信都会如获至宝，非常珍惜。老师读着那些感人肺腑的语言，心里会甜滋滋的，沉浸在幸福之中，这是他们最大的幸福。

（4）同台联欢。

在联欢会前发请柬，邀请老师们参加班里的联谊会。老师来拜年之际，同学们要热情欢迎老师表演节目，但最好事前摸底，掌握各位老师的特长，做到心中有数。一般说，老师们都有准备，有自己的拿手好戏。如果主持人不善于抓机会，老师们看火候不到，表演时机不成熟，就会溜之大吉。因此，就会丧失一次欣赏老师表演的机会，也就达不到师生娱乐共振的目的。同学们可千万不要忘记哟！

通过以上不同的交际形式，可以密切师生关系，增进友谊。为提高教育教学效果，创造条件，对促进学生全面发展也具有重要意义。

二、与任课老师的交往

和老师发生矛盾怎么办？在学校里，学生和老师朝夕相处，有时会由于各种原因，造成误会，产生分歧，与老师发生矛盾，从而影响师生关系，甚至影响学生的学习情绪。

有这样一件小事，小王同学在语文课上正认真地听讲，邻座一同学传过一张纸条，约他放学后去打网球。小王随即把纸条退还给了那个同学，并轻声劝告："上课不要传纸条！"谁知被李老师发现，马上批评了小王上课传纸条，随便讲话的现象。当时，小王同学有口难言，十分委屈，认为李老师不实事求是，存心丢他的面子，是否因上次没完成作业，借此机会报复。第二天上学路上，正巧碰到李老师，小王仍然打招呼："李老师早！"

但李老师没作声，只顾低头走路。小王认为李老师还在记仇，故意不理他，让他难堪，就暗地发誓今后再也不理他了。以后每逢上语文课，小王感到非常厌烦，对他讲的课听不进去。就这样，小王对李老师的成见越来越深，为此，他感到很苦恼、气愤。

师生间的误解是常有的，正常的。关键在于如何解决矛盾，处理好师生关系？作为中学生，应该具备以下几方面的能力。

1. 要客观分析，克服感情用事，避免先入为主

小王对李老师有两点看法：一是认为语文课上李老师有意识地丢他面子；二是认为李老师"记仇"，对他打招呼不答理。事实上这两条起因都是小王主观犯疑的，是不符合实际的。由于小王与李老师的矛盾越来越深，引起了家长的重视。

小王的妈妈到学校找李老师谈了小王的委屈与苦闷，老师这才弄清了事实真相。在那堂课上，李老师只看到小王把纸条递给邻座的同学，嘴里还在讲话，就误认为小王不遵守课堂纪律，所以就当场批评了小王。

李老师根本就没想到小王没交作业的事，更谈不上报复了。另外，小王与李老师打招呼时，因为当时人太多，李老师根本就没听清。李老师对小王本来就没有"仇"，更谈不上"记仇"而不理小王。

可见，由于小王不了解以上情况，没有客观地分析问题，而是把风马牛不相及的事，主观地联系在一起，是先入为主，结果和李老师产生了矛盾，造成了烦恼。成天忧心忡忡，影响了自己的情绪。

当然，作为教师，批评学生也应在认真调查的基础上，进行令人心服的批评，避免误会，避免对学生的伤害。作为学生要能够摒弃产生矛盾的主观因素，那么，师生之间的矛盾是很容易解决的。

2. 要心理相容，多一点宽容

社会群体中的人与人之间应该心理相容，即做到协调一致，相互体谅，

学会替对方着想，做到宽容大度，团结合作。每个人都生活在社会群体之中，每天都要接触一些人，在交际中绝对的统一是少有的，难免发生一些"磕磕碰碰"。

小摩擦处理得好，可以化"干戈为玉帛"；处理不好，就会留下"隐患"。当老师在课堂上错怪小王同学时，如果小王能做到心理相容，设身处地从老师的角度去认识问题，就会得出正确的结论：课堂上那么多同学，老师兴致勃勃地讲课，不可能看清传纸条的经过，因而没有看到谁先传纸条的过程。这样，就不会得出批评是报复的错误结论。

在师生交往中，如果发生了分歧和摩擦，要想一想对方是不是故意的，是不是自己的言行有误导，自己应如何正确认识自己的缺点错误，也就是说虚心点。这样，你就会心平气和，做到得理也让人，无理便认错。

同时设身处地为老师想一想，互换位置去理解。教室里那么多同学，发生了问题，老师很难判断准确无误。因为老师是人，而不是神，不可能神通广大，所以错误难免。这样去理解就会做到宽容，矛盾也就迎刃而解，师生就会建立起更为密切的关系。

3. 要坦诚相待，多作思想交流

我国著名教育家叶圣陶先生提倡"立诚为本"，他认为"诚"是为人的根本。他有三个子女，分别取名为"至诚"、"至善"、"至美"，这反映了叶圣陶对子女的期望和对人生的追求。确实在人际关系中，必须有"至诚"之心，有"至善"之态，才会有"至美"之果。青年人敢想敢说，心直口快，这种好的品质和作风应该提倡，但要注意交谈的方式。

小王同学与老师合不来，如果能诚恳地向老师汇报自己的想法，坦率地直言，当初的分歧很快就能解决，后来的隔阂也就不会再发生。态度诚恳，与人为善，及时交流思想，是促进师生间友好相处的重要途径。

三、对老师有意见怎么办

作为学生，我们应当尊敬老师，作为朋友，我们应当协助老师。对老师恭恭敬敬，唯命是从未必就是尊敬老师，向老师直抒己见，表达不同观点未必就是不尊敬老师。关键是怎样给老师提意见。下面就这方面谈几点看法。

1. 把握时机，分清场合

不论在学习与工作中，还是在日常交际中，我们与人谈话都要注意选择合适的时机和场合，自然给老师提意见和建议也是如此。一般来说，老师在全神贯注地讲课或讲话时不要打断，如果不是讨论课上的问题，最好不要当时提。因为这样做容易打断老师的思路，干扰教学进度，甚至影响其他同学的学习。

如果在听讲时发现老师讲话有误或有不当之处，也不要马上就发表意见。应该等老师讲课结束之后，让同学们看书做练习之时，再举手发问。如果你提的问题有份量，有代表性，老师会把你的意见公布于众，让全体同学注意，以达到共同提高的目的。如果怕忘了，可先记在笔记本上，课上如果没时间发问，下课以后私下找老师交换意见。

虽然如此，这并不是说同学在听课时只是被动地、消极地接受，而应该是积极主动地反馈，需要做出会心的呼应。有时，对老师讲的没理解，或有些疑问，抓住时机提问题，老师是乐意以更清楚的语言来解释一番的，直到使你听明白为止，同时，从老师的心理上，也会觉得你听课很专心，问题提得好，提得有水平。

2. 语气平和，注意方式

在人际交往中，相互交谈的内容固然重要，但交谈的语气和方式也是不容忽视的。从一定意义上说，交谈方式和谈话语气直接影响谈话的效果和相互间情感的沟通。

老师与学生谈话要十分讲究艺术，同样，学生向老师提意见，也要注意语气和方式，否则，不利于问题的解决，而且容易引起误解和反感。因此，要注意用商量的口吻、交换意见的口气进行。

例如：有一次考试，王四同学的分数搞错了。这是因为他和李二同学之间有矛盾，在课代表登分时，李二偷偷地将王四的选择题对的改成错的，分数少了十几分。事情发生后，老师找李二谈话，批评了他，让他亲手把王四的分数改过来，并再三叮嘱他要实事求是，以实际行动改正错误。老师对此事保密，一来是免得矛盾激化，二来避免在同学中造成坏影响，使同学关系不好处。李二向老师保证，一定按老师要求做。

经过更改之后，老师把卷子发给王四。王四一看，仍然不是他应得的成绩，情绪激动，于是在教室里大发雷霆，大声喊叫："冤啊！真冤！"当时，老师和同学们都惊呆了，没想到他会这样。其实，如果他在私下跟老师交换意见，老师会理解他，支持他，问题会得到妥善解决。老师和同学也都会佩服他的理智态度，可是，他在教室里大发脾气，做得太过分，就容易引起误会，不利于问题的解决。

3. 坦诚以待，言有分寸

坦诚以待，言有分寸是学生在和老师交谈讨论问题时应当遵守的原则。所谓坦诚直言，就是"知无不言"，"言无不尽"。这是批评者的态度，而接受批评要"有则改之，无则加勉"。怎样对待别人的批评，又如何批评别人，道理上谁都会说，可真正做到实在不容易。

如班上的部分同学对某某老师有意见，上课时与老师有些"顶牛"。据说是因为老师对某件事处理不公，偏袒了几位学习好的同学造成的。作为课代表、班干部，出于对老师的关心，能及时地把这些情况反馈给老师吗？你能毫无保留地与老师交换意见吗？如果话到嘴边留半句，似是而非，老师不能了解实情，那么就难以找到解决矛盾的正确途径和方法，因而也就达不到提意见的目的，反而会给老师产生错觉，觉得你是非不分，而错怪了你。

所谓言有分寸，是说在提意见时，不要说得太满，太肯定。双方都把话摆到桌面上来，意见不统一也不要紧。不要固执己见，要谦虚谨慎；不要强加于人，要客观表示自己的态度。具体讲，可以这样说："老师，这个问题我认为怎么样……"而不要说："老师，你肯定错了，我的意见是绝对正确的！"对于教学中某些有争议的但学术界至今还没有定论的提法或问题，阐明自己的观点即可。

4. 口头难言，以"书"表达

有的问题当面不好说；有些同学不善于面对面提意见；有些问题比较复杂，当面谈容易头绪乱，丢三落四说不清楚，或表达不全面；有些话当面不好意思讲，临时掊词酌句很令人难堪。这些情况，都可以以书面形式反映自己的意见。

如某某男同学曾给一女同学写条子，放学后还经常缠着她不让回家，她自己非常苦闷，不知如何摆脱，然而，班主任又很年轻，不好当面谈。

为了取得老师的帮助，就可以用书信形式说明情况。

又如：你对老师讲的"社会主义商品经济发展，要求建立社会主义市场经济体制"的问题感到不深刻，有不同观点时，因这是个重大的理论问题，不是三言两语就能说清楚的，你不妨用书面语言表达，就可以做到条理清楚，论据充分，观点鲜明，从而全面地表达自己的观点。

总之，提意见看起来简单，其实不然。提意见、批评都要讲究艺术，如果懂得批评的艺术，学会进行艺术地提意见，不仅不会伤害师生感情，而且能帮助老师改进工作，还会大大促进师生间的感情，使师生建立起真正的友谊。

四、与教工的交往

在学生们的心目中，往往只注意到教员，尤其是班主任老师及教自己课的老师，不教自己的或不是自己这个年级的老师往往放在第二位，而对学校的职员、职工就不那么"重视"了。设想，一个学校如若无后勤部门的教学保障，没有医务室、图书馆、食堂、保卫部门的配合，能成为一个完整的学校吗？再说，同学们在学习生活中，不可能不与他们打交道。因此，中学生与非教学人员的交往，也是学校人际交往中的重要内容。

1. 要懂得尊重他们的劳动

中学生如何与非教学人员交往？最主要的是要尊重他们。不仅表现在见面打招呼，叫一声"老师"或问一声"师傅好"，还应理解他们，尊重他们的劳动。如，上学时，有些同学直接骑车进入校门，对"门卫"不予理睬，甚至有的值班人员在后面追着喊着让同学把自行车停放在车棚，而前面骑车同学毫无反应，长驱直入。

有个别同学，还因校门卫阻止他们骑车进入校园而与之发生口角。反映了同学们对门卫的不尊重与自身文明素质不高。

食堂的工作人员为同学们准备好可口的饭菜，当同学们进入食堂时，应主动与他们打招呼。就餐时应尽可能注意食堂卫生。有的同学，把不喜欢吃的饭菜随便扔，甚至扔到地下，一方面浪费，另一方面对食堂工作人员的劳动不尊重。如对伙食有意见，可以通过班主任老师反映到有关方面，绝对不能与食堂工作人员当面顶撞，甚至大吵大闹。

　　阅览室、图书馆是同学们课余时间常去的地方。在那里，同学们博览群书，吸取知识，开阔眼界。对图书馆、阅览室的老师，同样要有礼貌。在阅览室看书，要遵守纪律和室内规则，不得喧哗，看后将书放回原处。

　　借书要遵守借、还书时间，此外，要保护好图书。学校上万册图书，有些图书磨损后，由图书馆的老师们一本本重新修整好，包好牛皮纸封皮。同学们对图书的爱护，也体现了对老师们劳动的尊重。

　　有个同学借了本新书，阅完后不仅按时还了书，而且还把书包上了皮。事情虽小，却体现了这位同学爱护公共财物的好品质。这种作法能不令图书馆的老师们高兴吗！设想，如果你还回的图书又脏又破，老师还愿意再借给你图书吗？有的同学为此与老师顶撞，不愿意赔偿，这是不对的。一方面说明你缺少爱护公物的好品质，另一方面对老师无礼，不妨反过来想，你心爱的东西被别人弄坏了，你愿意吗？

　　物理、化学、生物除去理论课以外，还要上实验课。这是培养同学们实际操作能力的重要环节。为了一堂实验课，授课的老师要认真备课，给同学讲好课。可是实验室的老师为了这一堂课，又要付出多少辛勤的汗水呢？

　　比如化学实验，为这"一节"课，实验室老师们要把试剂瓶洗刷干净，所需的多种试剂一一事先配好溶液、装瓶、贴上标签、放在每一个实验桌上。每桌放的四五支试管，也都事先洗刷干净，倒扣在试管架上。此外，还有铁架台、酒精灯、火柴……

　　每节实验所需仪器和药品视年级不同、上课内容不同而有差异。每个实验要摆26桌，若需试剂10瓶，仅此一项就要260瓶。洗、刷、装，夏天还好，一到冬天，尤其三九天，在冰凉的冷水中洗刷试管，一泡都是个把小时，如此大的工作，如此辛苦的劳动，同学们是不知道的。

　　实验室的老师们从未在同学们面前炫耀过他们的"功绩"，也未诉说过他们的"辛苦"。每一位实验室的老师都默默无闻地干好自己的本职工作。他们是当之无愧的"无名英雄"。同学们所学到的知识，做的每个实验也凝聚着实验室老师的辛勤汗水。所以，我们更要尊重这些老师，更要尊重他们的劳动。同学们进实验室，要遵守实验室规则，不能随意乱动仪器、药品，有的仪器不小心或由于不知正确的使用方法会损坏，另外也有安全问题。

此外，不能随意乱换药品和仪器，这样其他同学的实验会因物品不全而受到影响，同时也给实验室老师的工作增添了麻烦。因此，同学们应该爱护仪器、药品，做完实验后，将自己桌上的所用仪器摆好、试管洗刷干净，主动帮老师把桌上的药品撤下，关好门窗、把实验室打扫干净。这种对待实验的态度和作风，定会受到实验室老师的赞赏，同时也是对老师们辛勤工作的最大理解和支持。

我们的同学大部分是本市的，还有来自河北、陕北延安、广东汕头及海南的同学。这些外地同学及郊区、县同学需要住校。为了照顾这些住校同学的生活，学校特意成立了住宿生管理委员会，几名教师负责住宿生的生活管理，从早上6点起床到晚11点，几位老师轮流值班，检查宿舍卫生，检查晚自习出勤及纪律，负责室内被褥、床单、枕巾的发放和换洗。碰到同学生病，老师们更是焦急。

一天夜晚，小韩同学突然发高烧，身体瘦弱的卢老师亲自骑车陪她去医院急诊治疗，这样的事例不只一次。老师们对同学的关心、照顾似父母，而老师自己呢？轮到夜班，晚11点以后才能回家。路黑不说，心中还惦记自己那独自在家的女儿，对这样的"妈妈老师"我们能不尊重、能不感激吗？

因此，同学们更应听从老师的教导，服从老师的指挥，遵守住宿纪律，协助老师搞好室内卫生。只有相互理解、相互支持、相互信任，才能建立良好的师生情谊，才能使同学们的住校生活紧张而愉快。

除此之外，学校还有总务处、教导处、医务室、工厂……这里辛勤工作着许多老师，他们没有直接教你功课，没当你的班主任，但同样为你的健康成长辛勤工作着，你也应该尊重他们，因为尊师不单是尊重个体的人，而是对他所承担的工作、他所具有的知识的尊重。在学校中当同学们也能尊重其他工作人员时，不更体现了同学们尊师的美德吗？

2. 了解是尊重的基础

学校的其他工作人员，确实不如班主任或任课教师那样与同学接触多、联系密切、彼此间那么了解。因此我们就应抓住一切机会，增进自己与其他工作人员之间的感情。

一次深秋，同学们外出参加社会义务劳动，又恰逢下雨，同学们冻得直打哆嗦。回校后，食堂为大家熬了红糖姜水，虽是区区小事，却令同学们十分感动，大家立即写了感谢信，送给食堂，贴在墙上。

食堂的工作人员看到自己的劳动受到同学们的认可，得到同学们的好评，当然会更加努力地为大家工作。这不是一次彼此感情沟通、增加了解、增进友谊的良好机会吗？其实这样的机会还是很多，逢年过节给食堂送封感谢信；节日邀请其他工作人员一起开联欢会、搞联欢活动。

教师节给教师赠送贺卡要考虑周全，注意别遗漏。当图书馆、医务室、实验室、管理宿舍的老师们，收到学生赠送的那张小小贺卡时，他们会比班主任及任课教师更为激动。如教师节中，高三（5）班的全体同学给管理宿舍的老师送去了贺卡，对老师们的辛勤劳动和对同学们无微不至的关怀表示感谢时，老师们说："这些学生真挺懂事，没有忘记我们……"

因此，中学生与学校非教学人员交往时，要注意做到以下几点：

（1）态度上尊重他们。

学校非教学人员虽不在教学第一线，但其工作的性质、目标都是为学生服务的。只是分工不同。因此，同学们在与他们的交往接触中，态度要诚恳，言语要尊重。不能有"不教我，就不能管我，管我也不听"的错误想法与做法。

（2）感情上热爱他们。

一位教育家说过："心地善良的人首要的一点就是爱人。他对共同事业的忠诚来源于这之中对人的热爱。"在与非教学人员的交往中，同学们更要加强自己对人的热爱的情感的培养和关心人的强烈意向，即对人一视同仁，与人真诚友爱相处。

（3）行动上支持他们。

凡是他们在执行任务或配合教学做辅助工作时，我们不因他们是非教学人员，就有意冲撞他们，不服从管理，而以一个中学生应具备的良好道德品质，从行动上，积极、主动、热情地支持他们，协助他们完成执勤、实验等各项工作。

五、融洽师生关系的技巧

融洽的师生关系，孕育着巨大的教育"亲合力"，教学实践表明，学生热爱一位教师，连带着也热爱这位教师所教的课程。我国教育名著《学记》

中指出"亲其师而信其道"就是这个道理。情感也有迁移的功能，学生对教师的情感，可以迁移到学习上，从而产生巨大的学习动机。可见师生之间的感情在教学中多么重要。

理想的、新型的师生关系，离不开教师和学生这两个方面的重要因素。这里矛盾的主要方面在于教师，取决于教师是否爱学生，是否尊重学生。人们比喻教师的爱是润滑剂、是催化剂，它在教育过程中可以加快教育进程，提高教育效果。这方面不再进行深一步的论述。本文仅就实现融洽的师生关系，学生应注意哪些方面，提出些意见和建议。

1. 尊重

尊重别人，是文明礼貌的核心。学生要尊重老师，这种尊重不仅是表面礼节上的尊重，对老师有礼貌，见到都是主动热情打招呼，课前把讲台擦干净、课间擦好黑板，还要尊重老师的劳动，即上课认真听讲、积极回答问题。

有个别同学，当老师叫他回答问题时，非但不站起来，还态度生硬地说："不会！"有的虽站起来，却如"徐庶进曹营"，一言不发。如果这位被叫的同学站起来，说明未听清问题，或自己哪个方面不太明白，或即使按自己的理解说错了，都是无可非议的。因为如果学生都会了，要老师干什么？教师教100次未把学生教会，还肯定会教101次。

当然，尊重还应包括说话时，语气要温和，语调要平稳，说话时不要指手划脚。交谈时，要主动给老师让座，与老师说话要保持端正的身体，双目注视老师，认真听，不可东张西望，不可将手插在口袋里，或两条腿一颤一抖地晃动。

一次中午，管理宿舍的几位老师，去检查学生宿舍卫生，一进门，无一人主动与老师打招呼，请老师坐下，而是继续各干各的事。当老师对他们的值日提出批评时，有的待理不理，有的则极不虚心地强调种种借口和理由。这种种表现是极不礼貌的，也是对老师不尊重，当然这是少数人。

对老师的尊重，不仅限于表面礼貌、热情；更要表现在尊重老师的人格方面。有时，三五个同学聚在一起议论老师："老李"、"大王"、"小刘"，更有甚者，用老师的缺点或生理缺陷给老师起绰号。道理很明显，"一日为师，终身为父"是中国人民尊师的古训，视师为长辈，历来是中国

人民的优良传统。

你可以喜欢某位老师，也可以不喜欢某位老师，不喜欢他不等于可以不尊重他，因为尊师不单指尊重个体的人，而是对他所承担的工作、他所具有的知识的尊重。

2. 坦诚

坦诚二字的关键是诚。诚意、诚恳、真诚。表现在人与人之间的相互理解和信任上。人无完人，老师也不是一贯正确。如：教学方面，老师的知识再广博，阅历再丰富也是有限的。

教学中不可能总是一贯正确，讲课中出现个别的差错也是难免的。作为学生应如何对待呢？有的学生在课堂上大声叫喊："你讲错了！"这种现象，据调查，出现在两种人身上：一是不讲方法的粗鲁的同学。二是对老师有成见的同学。

这类的少数人对老师平日的批评不理解，因而出于"出气儿"的目的，采取不友好的态度，这样做的结果，会在老师、同学心目中留下难以抹去的坏印象，损坏了自己的形象。懂事、懂礼貌的人不会这样做。因此同学们要学会注意场合和方式。

张闻天同志有一段话值得深思，他说："真诚坦白并不是什么都是赤裸裸的、突然的、刻板的、三言两语的、无情的、不讲面子的、没有什么回旋余地的。真诚坦白的态度，应该在婉转的形式中表现出来。采取各种曲折的形式，适合于对方的思想习惯、性情的形式，使自己的真意能够逐渐表达出来。使对方能懂得我的真意的'来龙去脉'，使双方能够有充分的时间交换意见、考虑问题，使对方有回旋伸缩的余地。这种婉转，不但不是虚伪的、矫揉造作的，而且是合乎'人之常情'的。"

因此，对教师教学中的问题，最好是课下单独找老师，指出其错误，或者以讨论的口气与老师探讨应如何解答，如何理解，不应该故意出老师的洋相。尤其注意不要中途打断老师的思路。同样，如果对老师某些班级工作的处理有意见或建议，亦要善意地给老师提出，态度要诚恳。老师鼓励欢迎学生提问题、提建议。只有师生间保持一种和谐友好的气氛，才有益于教学工作。

一次，一位年轻的老师要作公开课，因课表调动有一定困难，只好选择了平时课堂纪律和气氛不那么令老师十分满意的班级。因此，这位小老师除去教学方面感到紧张之外，还担心同学们的配合。然而，那天的纪律格外好，连最调皮的学生也聚精会神地听讲，甚至有不少人主动举手发言。同学们的密切配合，使老师的紧张心情松弛下来，公开课上得很成功。

当然，作为一个同学、一个班级，每节课都应像这节公开课的表现一样。这暂且不谈，仅就这节课而言，学生明白事理，关键时刻维护老师的威信和荣誉，这是对老师的最大理解和帮助。同学们的真诚，使师生关系更加和谐，它推动了教学工作。

3. 关心

尊老爱幼、相互帮助，是我国人民的传统美德，老师爱学生，学生亦应爱老师。学生对老师的爱，更激励老师满腔热情地工作。许多事例令人感动。

数学组的李老师突患冠心病，这对于一贯认真负责的李老师来说，真是心急如焚，开始，她勉强写出每节课对学生的安排，做哪些题，或做哪张练习。后来，实在支撑不下去了，只好休息。

此时，高三（5）班的同学们，给老师写了封热情洋溢的慰问信，由班里钢笔字写的最好的同学抄在信纸上，全班每个人都签上了自己的名字。班长跑了好几个花店买了鲜花，开始，选派代表去看望，后来许多同学都去家中看望。连平时大大咧咧的男同学，也对李老师说："李老师，您安心养病吧，别惦记我们，学校已经安排老师给我们上课了，我们一定配合老师把课上好……"同学们的关心与爱戴使老师深受感动。

有位王老师的爱人，不幸因车祸而过世了，这给王老师突如其来的沉重的打击。组织上的照顾，同志间的关怀，不必细说。尤其当时初三（3）班的同学们，在老师突然逢意外之际，向老师伸出了友谊之手。他们轮流去老师家值班、看望、陪伴老师，给老师做饭，洗菜，给老师买去了营养品。他们像小大人似地安慰王老师，劝老师保重身体。他们在一张白图画纸上，印上了 43 颗红心，上面密密麻麻地写着每个同学对老师的祝福和问候。

如，一位同学写道："人生是由无数烦恼的小串珠组成的念珠，而达观的人是笑着数完它的，愿您成为生活中的强者。"

第二章 校园中的交际礼仪

另一名同学则写道："王老师：无论何时何地，总有43颗充满着真挚的情和爱的心，围绕着您，伴随着您，您感到它的跳动吗？""心，仅拳头之大，却有比天空更广阔的领域，您拥有43颗心，您知道吗？您已经拥有了一个世界。""……当您悲伤和烦恼的时候，想想初三（3）班的所有同学，您一定会得到无限的安慰和信心。"

不仅如此，还用毛笔写了"心连心"——初三（3）班全体同学敬书的横幅，送给王老师。这43颗赤诚的心温暖着王老师，这43份衷心的祝福陪伴着王老师度过了悲痛的时刻。怕影响孩子们中考，王老师忍受着失去亲人的痛苦，坚持来校为孩子们上课。懂事的初三（3）班的同学们，不仅课上、课下尊敬老师，更积极配合老师搞好课堂教学，完成课后作业，当听说有的班个别同学，上课不遵守纪律，惹老师"生气"时，同学们自发组织起来向他们发出"警告"。

每每讲到这些往事，即将退休的王老师总是情绪激动。是的，今年已经高三毕业的原初三（3）班同学们，不愧是品学兼优的学生，他们讲文明、懂礼貌、守纪律、重友情，他们不仅在当年王老师教他们的时候如此，即使到高中王老师不再教他们，他们仍然是那样热情，始终保持着友好的师生情谊。

还有一位老师，由初二开始至高三，连续五年担任实验班的班主任，每当老师生日之际，同学们为老师点歌，这天——4月29日也恰逢每年的校春季运动会，在看台上，"花儿们"围在园丁的周围，向浇灌、哺育他们成长的老师表示生日的祝贺。今年，他们已经高中毕业了，暑假中，这些即将跨入高等学府的学子们，没有忘记老师，他们搞了"一日五游"，看望了辛勤培育他们的五位老师。

感人的事很多很多，不仅只在老师生病时、困难之时，表示出学生对老师的关心、爱戴，平时的小事亦可体现：看到老师身体不舒服，给老师搬把椅子，上面放上椅垫，或倒杯水；教师节前夕，送去一张小小的贺卡、或一份小小的纪念品、一封情真意切的信，表示对老师的感激之情，对老师来说这是最大的安慰和补偿。老师的劳动难以计量，在一定程度上，是一种无偿的奉献，学生的赠品，哪怕只是只言片语，也会使老师激动许多，使他感到自己的劳动得到承认。

俗话说"师徒如父子"，父爱、母爱是世界上最真挚的，好像是天经地

94

义的，而反过来，子女对父母的关心和爱，哪怕仅有50%，都令父母感到莫大的安慰，而师生之间的感情亦如此。

4. 开展活动

同学之间，通过各种丰富多彩的集体活动，可以加深彼此之间的了解，增进友谊，师生之间也如此。班级搞的一些活动，除去班主任之外，可以邀请其他老师参加，不仅可以陶冶情操、活跃气氛，还可增进师生之间感情交流和相互理解。特别是艺术活动有增强人们内心的道德信念，使人们产生感情上的共鸣，从而缩短彼此间的距离。

有一次新年联欢，国防科工委代培班的同学们，自己绘制、设计别致的请柬送给各位老师，还邀请了学校各个处、室的其他工作人员。这次联欢会，有许多科工委领导，学校的各级领导和教师，还请了学生家长代表，会上同学们自编自演的小品、舞蹈、表达了他们对领导们给他们这些军人后代创造这样一个难得学习机会的感激之情，表达了对辛勤栽培他们的园丁们的敬爱之情，气氛热烈，感情真挚、感人。

 第三节　校园生活与礼仪修养

学生要尊重老师，这种尊重首先体现在表面礼节上的尊重，见到老师要有礼貌，能够做到主动热情打招呼，通过在每次上课前主动把讲台擦干净、课间擦干净黑板等这些小事也能让老师体会到学生的细心。

一、与老师相处的礼仪

在我国悠久的历史长河里，有天地君亲师之说，其意思是老师是仅次于天、地、君、亲之后的重要人物。有道是："一日为师，一生为师。"解放后把老师尊称为"园丁"，"人类灵魂的工程师"。

当然，在现实生活中，过去有一种说法很流行，叫作：家有三斗粮，不当孩子王。前几年我们也常看到拖欠老师工资的现象，老师的住房、福利待遇、社会地位都比较低。但是，近几年来情况大大改善，党中央、国务院都很重视教育，确立了科教兴国的大政方针，教师的生活待遇、工作条件、社会地位都在向好的方向转变。这一切都说明老师在学校里的作用和地位的重要性。

作为学生，在学校里的主要任务是学习。向老师学习，向书本学习，采用的主要方式是上课，即课堂学习，此外还有课外的辅导答疑、批改作业、阅批试卷及其他各种课外活动。

以前曾经有一种习惯，学生不论是在什么地方，只要见到自己的老师必定要行礼，或鞠躬或敬礼。记得我第一次上学时，我舅舅领我去见老师，当时在农村里把老师称为师傅，我要见的是位孙师傅，长得又高又胖。一见老师，我舅舅让我给孙师傅鞠躬，当时孙师傅坐在炕上，炕边上放着他烧茶用的小火炉，我也没注意，就立即鞠躬，小孩子家做事莽撞，深深一躬下去，额头正好碰在炉子边上，把我的额头碰破了，血流不止。

现在学生见了老师不用行什么礼，只要打一招呼就可以了，大多数情况下喊一声"老师"就行了，有的学生也说声"老师，您好！"其实只要问候一声"您好"也就够了，是以表达相遇时的礼仪了。但是，千万不要采取视而不见，不理不睬的做法，这可是大失礼仪的行为。如果在课堂上，开始上课时，一般都要起立，行注目礼（注目礼的具体要求和做法下面详细说明）。如果有什么问题提问时，可以先举手，等老师允许以后，再站起来讲话。

在课堂上最重要的礼仪是安静，注意听讲，不要交头接耳，低头做小动作，更不要睡大觉或干与本课无关的事。在课堂上专心听讲，这既是表明对老师的尊敬，也是表示对老师劳动的尊重。

现在，大学里的课堂情况比较多样复杂，一般来说，小班上课，人少，好管理；大班上课，人多，管理难度大，特别是一些政治理论性的思想教育课，有时候课堂秩序较乱，干什么的都有，睡觉的，交头接耳的，读其他书籍的，看报的，听收音机的，甚至还有出出进进的。有的同学连开始上课的起立也懒得起，别人起立了，他还坐在那里；有的同学虽然起立了，也没有"注目"，不合注目礼的要求。这些都是对老师没有礼貌的表现，也说明这些同学缺乏礼仪知识和礼仪修养。正确的做法是，行注目礼，必须立正站立，两臂自然下垂，两眼平视并注视对方，面带微笑或庄重肃穆，等老师还礼以后，再缓慢平稳地坐下。

尊师是中华民族的优良传统。学生越尊敬老师，老师越能教得起劲，教得用心，越能把真才实学教给学生，这样教和学两方面的良好结合，是整个教学过程所需要的。古代就有"程门立雪"的故事，说的是宋朝有个叫杨时的人，40岁到洛阳拜程颐为师，学习很用功，经常去找老师求教，不管天寒地冻、酷暑炎热坚持不懈。

有一次，杨时约上同学游酢，两人一起去找老师求教，他们到学堂时，正好程老师坐在椅子上睡觉，他们为了让老师能够多睡一会儿，好养养疲倦的身体，便站在门口等候。等程老师一觉醒来时，便看见杨时和游酢一声不响地站在门口，赶快叫他们二人进屋来。这天正巧天气很冷，又下着鹅毛大雪，他们二人的身上全是白白的雪花。

二、与领导相处的礼仪

学校的领导，上至校长、书记，下到处、科级管理人员，有的领导就是老师，一身二任。从原则上来说，对领导要做到一是尊敬，二是服从。这里说的尊敬主要是指从人格上尊重领导，不论是对校长、书记、处长、科长，还是一般的管理人员都应该如此。这里说的服从主要是指按照领导的规定、章程、规矩办事，服从管理人员的领导和指挥。这里有几种情况特别应该引起注意。

第一，对待领导要一视同仁，不要对校长、书记或系主任、系总支书记毕恭毕敬，而对一般管理人员却不放在眼里，低看一等，用势利眼对待人这是很不好的。一个有教养的人，综合素质高的人，又有礼仪修养的人，对任何人都应该平等看待。

第二，对待领导不要阿谀奉承，吹吹捧捧，高帽子满天飞。一个正直正派的领导是很不喜欢这些的，甚至很反感这些低俗的东西。孔子在《易·系辞传》中有这样两句话："上交不谄，下交不渎。"作为一个学生，尤其是具有较高知识水平的大学生，一定要做到巍巍正气在身，不要染上势利小人之习，实事求是，踏踏实实，根据当时、当地的具体情况，把话说得合情合理一些，把事办得妥当一些。

第三，有少数的同学把自己的前途希望寄托在领导的照顾、优惠或优待上，也就是企图用拉关系、走后门的歪门邪道来求得一个好的分配或其他什么利益。这是一种不正直、不道德的行为，是社会上不正之风在学校的一种表现。作为一个青年学生，不仅不能仿效，而且还应该抵制和反对

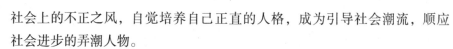

社会上的不正之风，自觉培养自己正直的人格，成为引导社会潮流，顺应社会进步的弄潮人物。

我国战国时期有个贤士叫颜斶，他是齐国人。有一次，齐宣王召见他，不客气地叫他过来拜见。颜斶却说，您过来见我不是很好吗！齐王很不高兴，其他大臣也责怪颜斶。颜斶义正词严地说道："如果我顺从地走到大王面前，那就表明我是个仰慕权势的小人；如果大王到我面前来，那就表明他礼贤下士，尊重有学问的人。你们说我应该做哪种人？"

齐王愤怒地问道："到底国王高贵还是贤士高贵？"

颜斶斩钉截铁地回答："当然是贤士高贵！从前秦国出兵攻打齐国的时候，秦王曾下过这样一道命令，谁敢在贤士柳下季的墓地砍伐树木，就杀他的头。同时还下了一道命令，谁能砍下齐王的脑袋，就封他万户侯，赏他20000两黄金。这就说明一国之君，他的头比不上贤士墓地的树木。"

一席话说得齐王张口结舌。大臣们指责他是个村野粗人，颜斶从容地回答道："从前的大禹也是出身乡村，由于他尊重有才能的人，所以他后来才当了天子。"

齐王觉得自己理亏，于是说："现在我承认你高贵，请你收我作你的弟子，我保你有肉吃，有车坐，过上荣华富贵的生活。"

颜斶毫不犹豫地拒绝了，他说："玉石本来就是山里的东西，经过雕琢破坏了原有的自然美，出生在穷乡僻壤的有学问的人，做官后反而失去了原来的纯朴。我这个人过惯了布衣粗食的艰苦生活，走路比坐车稳当，过清静日子比作威作福要好。"

所以《战国策·齐策四》中记载道："晚食以当肉，安步以当车，无罪以当贵，清静贞正以自虞。"这就是"安步当车"这个典故的由来。

我们中华民族一向赞赏自立自强、艰苦奋斗，依靠自己的力量立足于社会并获得优异的成绩，对趋炎附势、投机取巧者一向是鄙视的。

三、与同学相处的礼仪

学生在学校里来往最频繁的是同学相互之间在学习、生活上的交流，尤其是住校生，不仅在一起学习上课，而且还整天吃在一起，住在一起，玩在一起，相互之间的关系是十分亲密的。正由于如此，有的同学就忽视了与同学相处的礼仪，轻者影响了同学间的关系，重者则有碍于学习成绩和生活质量的提高。因此，同学之间也要十分重视礼仪修养。同学之间相处的礼仪主要有下面这些：

1. 团结友爱

处处要注意团结同学，一言一行，一举一动都要从团结的愿望出发。和同学相处一定要言行一致，表里如一，嘴里说的，就是行动上干的，能做到的就说能做到，做不到的就说做不到，实实在在，不搞虚假的那一套。

说话要注意场合，注意分寸，即使开玩笑，也要注意这两点，该说的就说，不该说的一定不能说，要管住自己的嘴巴。俗话说，病从口入，祸从口出。管住自己的嘴巴十分重要，很多同学不重视这一点，一高兴就信口开河，逮住什么说什么，求得一时的痛快，全然不顾后果；一生气就暴跳如雷，骂不绝耳，什么难听就骂什么，不仅造成很坏的影响，而且这也是无教养，无礼仪修养的充分表现。

古人说，盛喜时，勿许人物；盛怒时，勿誉人言；盛喜之时，多失信；盛怒之时，多失体。所以，特别是在高兴和生气的时候，要更加注意自己的言行。

经常在一起，免不了相互之间借用东西，但是必须做到有借有还，即使随便要用一下别人的东西，一定要打个招呼，告诉一声，不要拿起来就用，根本不问主人是谁。

2. 顾全大局

在集体生活中，要顾全大局，遵守规章制度，要按照大多数人的意志做事，千万不可我行我素。例如，宿舍里都熄灯就寝了，自己才回去，这时就应该尽可能静地开门、上床、休息，以免打扰别人的睡眠。记得我上大学时，同宿舍有位同学，由于他是干部，总是很忙，几乎每天晚上都来得很晚。他回来后，很轻地打开门，轻轻上床睡觉了，从没有打扰过我们的休息。

近几年，我也看到过一些事情，则与我上大学时候的情形不大相同。像前几年我所在的学校服装系和工美系的一些学生住在办公楼6层，很晚了，有的同学才回来，来时还唱着歌，自己又不带钥匙，一来就敲门，敲门的声音一声比一声高。有时，别人已经睡觉很长时间了，没有人给开门，就一直敲门，又加上喊叫声，个别的情况下还有大骂声，弄得整个楼道里

都不得安宁。

有的同学回来得很晚，来了以后还要洗洗涮涮，弄得声响很大，也很影响别人的休息。这些做法已经不仅仅是缺乏礼仪修养的问题了，而是缺乏公共道德的表现，只顾自己，不顾别人，把自己的方便建立在对别人有害的基础上是很不应该的，缺乏起码的品德修养。

3. 礼貌待人，互帮互助

打招呼的方式很多，可以问好、点头、微笑、招手或喊一声等，总的要求是要做到热情、诚恳。

同学需要帮助时，一定要尽最大的可能助其一臂之力，不要视而不见，置之不理。乐于助人是我们中华民族很重要的美德之一，也是礼仪修养中不可缺少的内容。当然，帮助别人要根据具体情况，做到尽力而为，量力而行。

但是，另一方面，有困难的同学也不要强求别人帮助，给别人造成困难，甚至带来麻烦。有困难自己多克服，有痛苦自己多承受，有危险自己多承担，尽可能避免打扰别人，这也是我们中华民族的重要美德之一。

4. 不议论人非

和同学相处要谨防传话，在背地里说别人长道别人短，这是同学间最忌讳的东西。正确的做法是，自己不传，不说。听到别人说，要认真分析真伪，不要轻信，不要盲从，处处养成勤动脑、多观察的好习惯。

要正确地对待同学，就必须正确地估价自己，时时处处把自己放在恰当的位置上。妄自尊大，妄自菲薄，忘乎所以都是不切合实际的，所以是不足取的。不论你是一般同学，还是学生干部；不论你在学习上或其他方面取得了一些成绩，还是遭到了失败；不论你是较高层领导干部家庭出身，还是工人、农民家庭出身，都要做到头脑冷静。自知，自尊，自制，即在人格上要自尊自重，顶天立地，品德上能伸能屈，能上能下，与人交往上要不卑不亢。

5. 一定要做到有自知自明

俗话说，人人心中有杆称。自己心里的这杆称，一定要把自己称准确，如果称轻了，就会产生自卑；如果称重了，就会产生自满；如果称得正好，就是自知。真正做到这一点是很不容易的，有的人经常把自己称轻了，有的人常把自己称重了，而且这后一种人数量相当多，很多人在情况顺利时，或者取得了一些成绩时，胜利冲昏了头脑，沾沾自喜，自不量力；而一旦出现什么波折、困难，遭到一些失败，就立刻会垂头丧气，一蹶不振。

因此，作为一个新时代的青年学生，一定要努力学习，认真总结经验和教训，不断提高，不断进取，人生的道路如逆水行舟不进则退，只有不断学习，才能不断进步。在自重、自强、自尊、自爱、自知、自制的六自基础上，恰当地、热情地、诚恳地对待同学，对待别人，和同学相处得水乳交融，亲同一家。

6. 注意男女有别

男女同学之间相处，一方面要相互尊重，互相帮助，像兄弟姐妹一样相互照顾；另一方面，既要大方、自然，也要严肃、有分寸，尤其是在公共场合，男女同学之间的接触一定要十分注意礼仪修养，把中华民族的传统习惯和世界通行的礼仪要求有机地结合起来。在当代经济、文化发达的国家里，文明程度也较高，在公共场合里，男人照顾女士，男人帮助女士，男人为女士服务是理所当然的事情，不这样做，反而被认为是不合乎礼仪要求的。

但是，具体到男人如何照顾女士，男人怎样帮助女士，男人为女士服务些什么以及怎样服务，就要和我们中华民族的传统和习惯结合起来考虑，否则，别人会看不惯，女士也会受宠若惊，很不自在，反而把主动的男士弄得很尴尬。

当然，对我们中华民族落后的、封建的传统和习惯要不断改革，移风易俗，促使其发展和进步，如男尊女卑、重男轻女这些观念必须革新，树立男女平等，相互尊重的新观念。尤其对我们这些文化水平较高的大学生来说，更应该身先士卒，率先铲除诸如此类的落后观念。

对女同学来说，一定要保持自重，不要以为男同学的帮助、照顾是应该的，理所当然的，有些该自己做的事情也懒得动手，等着男同学来代劳，这是不对的。因为，男士帮助、照顾女士的本意是，女人是弱者，男人在体力和精力上都较强，所以强者帮助弱者是符合人类共同道义的。

在现实生活中，根据男女的一般生理特点，男女有着自然的分工，如我国长期的男耕女织，男主外，女主内等，就是最明显的例证。所以，要

第二章 校园中的交际礼仪

根据当时当地的情况和条件，男女分工合作，互相帮助，相互尊敬。这样，男女同学的交往才能融洽、和谐，建立的友谊才会永久。

不论是男同学还是女同学都要注意建立自己的信誉，说话、办事要讲信用，言必行，行必果。不要弄虚作假，玩弄手腕，耍小聪明，这些小人之举是最令正直的人厌恶的。

7. 帮助同学也要讲方式方法

假如你是班上的学习尖子，你是否感觉到与班里的后进生极难相处？是否觉察到他们不喜欢接近你，还常常找点小事讽刺打击你。而令你矛盾和为难的是，老师又常常要你帮助他们提高成绩，共同进步。这时候，你该怎么办呢？

（1）莫伤对方自尊心。

有一位担任班级学生委员的女中学生讲述了这么一个亲身经历的故事：王小红当选学习委员的那一天，向同学们诚恳地说："既然大家信任我，选我当学习委员，我非常愿意为大家服务，谁在学习上有什么不懂的地方，随时可以来问我，我一定热情帮助。"

可时间一天天过去了，班上成绩落后的同学却没有一个来找她。王小红觉得很纳闷，她以为这些同学是怕麻烦她而不好意思来向她请教。于是，她主动去询问这些后进生。

第一天上早读课，大家都在读英语单词，她却看见有一个同学正在做数学题。于是她走过去对这个同学说："你哪道题不会，我来帮你！"没想到这个同学一脸不客气："去去去，别以为就你行，我才不稀罕呢。"

王小红听了，心里委屈极了。但事后一想："也许是自己的方法不对头吧？我得找一个能让他们接受帮助的方法。"于是，她请教了班主任，经过了一番冷静的分析与思考，又经过一段时间的实践，终于摸索到了与后进生融洽相处的一套方法。她是这样介绍自己的心得的：

作为学习成绩好的学生，不能鄙视成绩差的学生，要保护他们的自尊心，尊重他们的人格。成绩落后的同学并不甘心成绩不如别人，但又不愿意让别人认为自己成绩不好。于是，他们宁可不会，也不肯当着别人的面去请教其他同学。所以，要真心真意地帮助这些后进同学，就不能伤他们的自尊心。

（2）要敢于嘲笑自己的缺点和不足。

让别人了解自己，看到自己也有缺陷拉近自己与后进生的心理距离。自己说错了一句话，做错了一道题，都敢于当众承认并虚心地向别人请教，时间长了，和学习成绩差的同学的关系，自然而然便变得亲密融洽了。

既看到后进生的不足，也看到其长处。俗话说："尺有所短，寸有所长。"学习成绩不好的同学身上往往有一些其他特长是其他人一般不具备的。肯定他们的长处，尊重客观事实，既满足了他们的自尊心，又促使自己观照到自身的不足，理解到"凡人凡事都要一分为二"这一处世哲理的深刻，从而使自己能更加谦和亲切地与后进生相处。

讲究方式方法，要有恒心不怕碰钉子。其实，后进的同学总是希望有人帮助的，如果能运用适当的方法，让他一而再、再而三地感受到你的热情和真挚，他便会转而接受你的帮助，并从心底里感激你。

四、进校礼仪

1. 进校仪表事关重大

同学们，当你每天迈进校门的时候，你是否注意到自己的仪表呢？人们常说："仪表是心灵的写照。"可见，人的仪表与其人格是密切相连的。

几十年前，我国著名的教育家、天津南开大学校长张伯苓先生就曾在该校的一面大立镜上方悬挂一幅"镜箴"，告诫每个学生都要注意自己的仪表美。"镜箴"上写着："面必净，发必理，衣必整，钮必结，头容正，肩容平，胸容宽，背容直，气象勿做勿怠，颜色宜和宜静宜庄。"现在，有许多学校在校门口或教室楼前都置放一块大立镜，用意就是要同学们每天照一照自己，看看仪表是否符合美的标准。

当然，有的学校对进校的仪容要求一般没那么严格，但作为中学生，我们必须明白自己的仪表起码必须符合学校的气氛和学生的身份，保持大方、得体的仪表，是对老师、同学的一种尊重。

那么，在迈进校门之前，我们必须具体注意仪表的哪些方面呢？

首先，如果有校服，便要坚持穿着。在校学生穿统一校服的做法优越性很多，已得到广泛推广。但穿校服要注意正确的态度和方法，不然只会流于形式。有的同学觉得天天穿同样的衣服，人人穿同样的服装，因而在思想和情绪上对校服表现出抵触情绪，这是错误的。

穿校服时，应保持校服的整齐洁净，穿着要端正妥贴，以显示出中学生良好的精神状态。校服丢失或破烂了，要及时修补或补做。无论在什么情况下，都不能穿着邋遢、污损的校服去上学。

不要求穿校服时，我们的服饰也要朴素大方，活泼整洁。上学不是过节、开晚会，衣服不要求华丽、漂亮，但要端庄洁净，符合学生的身份。烫发、穿高跟鞋或浓妆艳抹、披金戴银，这些成人化的装扮既不符合学生的气质，又不利于我们健康成长。

注意正确穿着之后，便要注意进校时的姿态。中学生正处于青春年少、精力充沛的年龄，就像初升的太阳一样，应是生机勃勃而充满朝气的。踏进校门，是我们每天投入学习的开始，因此要保持情绪高昂、奋发进取的精神状态，而绝不能萎靡不振、垂头丧气。还要注意的是，进校时要严守纪律，不搂腰搭肩，嘻嘻哈哈；不互相追逐打闹，高声喧哗。

此外，学生进出校门都要佩戴校徽。校徽是学校的标志。坚持佩戴校徽，既能提高自身的荣誉感和责任感，督促自己养成遵纪守法的习惯，还方便了学校的保卫工作人员搞好工作，有利于维持学校的正常秩序。

2. 接受门卫的指点

一般来说，学校都设有门卫。门卫的职责是加强学校的保卫工作，防止外人或坏人进入学校，干扰和破坏学校的正常秩序；同时，他们也负责检查学生的仪容，以维护学校良好的校风校纪。一些学校除设有门卫外，还安排一些同学轮流值勤。值勤同学的职责，主要是配合、协助门卫人员，维护学校秩序，对违反校规校纪的同学进行批评帮助，督促其改正。

因此，我们每个同学都必须虚心接受门卫与值日同学的指正与督促。进校时，门卫和值勤同学会检查我们是否佩戴校徽，仪容是否整洁，甚至要求我们出示学生证等。这时，我们不能产生抵触情绪，而应该积极配合：进校时衣冠要端正。夏天不能穿背心、拖鞋进校；骑自行车的同学要主动下车。

进入校门时，应主动佩戴校徽，团员还应佩戴团徽。如因特殊原因未能佩戴校徽，应主动向门卫和值勤同学说明，以求谅解，经批准后再进校门。

如果自己的举止不符合校规，受到门卫或值日同学的批评时，态度应虚心诚恳，不可抵制批评，甚至作出粗暴的反应或其他不良表现。

第三章 校园礼仪心理

校园礼仪一直是社会所关注的问题，因为任何一位走向社会的成功人士，都是从这个摇篮里走出来的。礼仪也决定着人的文化涵养。我们必须重视学校教育，除了文化学习，也需要注重礼仪的培养。

 ## 第一节 人际交往的作用与修养

中小学生人际交往的作用，主要体现在中小学生人际交往过程中所表现出来的功能与影响。这种作用，往往是由交往的内容、形式、环境和条件构成的结果，并集中地体现在交往者外在的社会作用和自身内在的心理作用两个方面。

一、交往者外在的社会作用

中学生人际交往的外在的社会作用，主要指他们通过社会的人际交往所产生的积极、健康和进步的功能，这种作用主要包括以下几个方面：

1. 熟悉环境的作用

环境主要指人所活动的一定的场所的自然与历史情况、各种条件和人际关系的状况等因素的总和。尽快地了解、熟悉和适应环境，对一个人来说是至关重要的，它往往关系到事情的成败。而了解、熟悉和适应环境的过程往往就是人际交往的过程，就是通过人际交往来实现的。

革命战争年代，我们的革命前辈为了一个战役的胜利，为了开辟一块根据地，事先都要做大量深入、细致的社会调查工作，这种社会调查工作实际上主要依靠人际交往工作，通过走访当地群众，通过同各种人和事的接触，对环境和条件、对敌我双方的力量对比有了充分的了解，做到心中有数，方向明确，只有这样才能下决心并取得胜利。反之，如果不事先通过人际交往来了解和熟悉环境，心中无数，方向不明，则不可能取得胜利。

对于中小学生来说，道理也是一样的。新到一个学校、一个班级或者到一个新的、陌生的社会活动场所，如果自己不同周围的人接触，信息不灵，消息不通，对自己所在的环境、场所的情况不甚了解，自己把自己封闭起来，往往不利于自己的成长，不利于自己同周围的人感情上的沟通，不利于利用环境的有利方面、克服不利方面，有时甚至会出差错、闹笑话。由此可见，在中学生了解、熟悉环境的过程中，人际交往所起的作用是显而易见的。

2. 团结协作的作用

人际关系是否融洽、和谐，将直接影响一个单位、一个部门、一个集体的整体功能和效力。大家团结一致、齐心协力所形成的合力，往往不是单个力量的加法，有时甚至是乘法。在科技飞速发展的时代，很多事情不是一个人能够完成的，而需要相互配合，相互协作，利用整体的智慧和优势来完成。

就中小学生来说，如果一个学校、一个班集体，同学之间能相互沟通、相互理解，大家和谐相处，在学习上、工作上、生活上互相帮助、互相关心，那么，这个学校、这个班集体就会有好的校风、班风，这个学校、这个班集体学习、纪律文明水平及各项课外活动就会生气勃勃、健康向上，每个同学也就会感到自己是生活在一个温暖和团结友爱的集体之中。

反之，如果一个学校、或一个班集体的同学之间互不往来，缺乏交流和沟通，互相争斗、互相抵触，相互之间缺少团结协作精神，那么这个学校或这个班集体的校风或班风就不正，学校或班集体的整体水平和效力就会上不去，校风或班风就会死气沉沉，同学也就不会感到集体的温暖和力量，就会缺乏集体荣誉感。

由此可见，在一个学校或班集体中，有意识地增进同学们之间的相互交往、相互理解，创造一种积极向上、民主融洽、团结协作的人际关系，使同学们能心情舒畅、精神饱满地投入学习和各项活动之中，对办好一个学校、管理好一个班集体，培养好一名中学生，都是有其积极作用的。

3. 信息交换的作用

中小学生本身就生活在群体之中，而且他们的思想又相当活跃，渴求知识和信息的愿望又相当迫切强烈。因此他们用于相互交往、相互沟通信息的时间占了他们整个时间的绝大部分。正是这种交往和沟通，使他们知识不断丰富、能力不断提高、视野不断开阔。

一般的中学生的相互交往、相互沟通信息主要通过交谈、听讲、阅读和书写几种方式进行。这几种方式又集中以语言交际和文字交际两种手段表现出来。语言交际是以语言作为交际的媒介，中小学生在校学习中，老师的课堂讲解、课后辅导，同学之间的交流、讨论等，都是用语言进行信息交流的形式。

通过这样的语言交际，同学们接受了新的课程，掌握了新的知识，同学们之间得以相互补充，取长补短。中学生在校外、在社会上通过同长辈、同辈、亲戚朋友及各种场合下所遇到的人和事的交际，又获取了大量社会信息和知识，增加了社会阅历经验。

文字交际是以文字作为交际媒介，以书刊、报纸、杂志、资料以及书信往来为信息交流的工具。通过这些交流工具，中学生们获得了大量的间接信息，补充了他们以亲身经历而获取的直接信息，扩大了他们的知识面，拓宽了他们的生活空间。

对于中小学生来说，脱离了语言交际和文字交际，他们的学习和知识的获取是难以进行的。尤其是在处于信息时代的今天更是这样。只有把语言交际和文字交际有机地结合起来，灵活运用，才能使中小学生们的信息交换变得更加丰富多彩、卓有成效。

4. 优势互补的作用

在任何一个群体中，各个人的知识、能力、气质、性格都是各不相同的，不可能处在同一水平线上，各人有各人的优势，各人有各人的长处。优势互补，充分发挥各人的特长，是任何一个群体团结向上、取得成功的保证。

对中学生来说，优势互补的作用尤为明显。一个学校的学生、一个班集体的学生，往往来自不同的地区、不同的中小学、不同的家庭，他们的经历、以往所受的教育，他们的知识结构和社会活动能力，他们的气质和性格，均不完全相同，各人有各人的优势和强项。只有通过集体内部、同学之间、师生之间的交往，在多方面的双向交流中，取长补短，才能既产生整体效应，又使个人的才能得到更全面的发挥和增值。

现在的中学生是跨世纪的人才。跨世纪的人才就包括需要不同知识、才能、气质和性格的人组成有效的工作或研究群体，这样的群体中所包括的知识结构、智能结构和所达到的水平是任何单个人的能力和作用所达不到的。

同时，人才之间的知识、能力和性格上的优势互补作用，又有利于每个人的发展和成长，达到既提高群体的整体素质，又提高了个人的素质。

中学生正是长知识和培养能力的时候，进行良好的人际交往，互相学习，取长补短，注意发现和学习别人的长处，克服自己的短处，充分发挥人际交往中优势互补功能，对于把自己培养成为全面发展的合格的跨世纪的人才，其意义是深远的。

5. 联络和增进感情的作用

人不仅有其自然属性，而且有其社会属性，他只有生活在社会群体之中，不断进行感情交流和联络，才能变得乐观、开朗、充满活力，其精力和智能才能得以充分的发挥。反之，如果脱离社会群体，长期独处，其性格就会变得扭曲、孤僻，其精神与神情就会变得忧郁和变态。有人说，没有朋友、没有感情联络和交流的人，就好比在阴天里行走的人，没有阳光，没有活力。这话颇有哲理。

中学生虽然有较好的客观存在的交往条件，同学们共同学习、共同生活，共同参加集体活动，但如果自身主观上不注意进行人际交往，加强师生之间、同学之间的感情联络，仍有可能使师生之间、同学之间感情淡漠，相互之间保持距离，互相封闭。这样不仅影响整个集体的欢愉、融洽的气氛和对集体的热爱，甚至还有少数同学会感到孤独、寂寞，时间一长，就会影响学习和身心健康。

6. 相互勉励与促进的作用

人际交往的相互勉励与促进作用，主要指通过交往，使人际关系协调，在情感上产生共鸣，从而促进双方在智力、能力和体力上产生跃进。

在人际交往中，相互勉励与促进的作用是很重要的。在顺利时，它能帮助人们戒骄戒躁，再接再厉，夺取新的胜利；在困难时，它能帮助人们振奋精神，昂扬斗志，克服困难和挫折，达到预定的目标。

对于中学生来说，相互勉励与促进的作用也是显而易见的。在一个班级中，同学之间的学习水平、考试成绩、工作与生活能力往往参差不齐。如何使先进的同学更先进，使后进的同学赶上先进？如何提高整个班集体的整体水平？很明显，同学之间通过交往相互勉励与促进是起很大作用的。

先进的同学之间通过交往中的相互勉励与促进，会使目标更加明确，前进的步伐迈得更大；后进的同学之间通过交往中的相互勉励与促进，会使信心更足，意志更坚定；先进的同学与后进的同学之间通过交往中的相互勉励与促进，会造成一种先进带后进，后进赶先进的积极向上的和谐气氛。这种作用无论是对学生个人，还是对一个班集体来说，都是必不可少的，都是一种强有力的动力。

二、交往者内在的心理作用

中学生人际交往的自身内在的心理作用，主要指他们通过社会的人际交往所产生的自我内在的心理健康、心理平衡、心理保健作用和正确地认识自我、积极地完善自我的作用。

1. 心理健康与保健作用

人际交往是正常人生活中不可缺少的重要内容，也是保持人精神与心理健康的基本需要。正如英国著名学者培根所说："当你遭到挫折而感到愤闷抑郁的时候，向知心朋友的一席倾诉可以使你得到疏导，否则，这种压抑郁闷会使人致病。"人们通过交往，可以排解心中的苦闷、不悦，可以从对方的言谈中受到启迪，重新产生积极向上的情趣，从而导致心理上的重新平衡，产生信任感和安全感。

中学生有的来自各个不同的小学，有的来自各个不同的初中，他们告别了原来很熟悉的学校、老师和同学，来到一个新的较陌生的环境和群体中，他们需要有一个适应期。有的同学交际能力强，适应能力强，会很快与新的环境、新的群体相处融洽，保持心理平衡和健康，学习、工作很快会出现新的局面。

也有的同学不善交际，适应能力也差，换了一个环境和群体往往会产生陌生、孤独、思念和忧虑的情绪；也有少数同学还会感到一种惆怅和抑郁，严重地影响学习和正常活动。这些同学特别需要交往，需要老师和同学的主动关心，使他们能尽快地排解心中的孤独与忧虑感，与整个群体融合在一起。学校、班级或团、队适时地组织一些有意义的集体活动，给同学们提供相互间接触、交流的机会，创造一种团结、和谐的氛围，是非常需要和有益的。

另一方面，中学生在学习生活中会不同程度地遇到一些困难或挫折，或者某次考试成绩不好，或者遇到一次意外的打击，如果把这些不愉快的事闷在心里，就会感到苦闷、失望、紧张，时间一长，就会形成心理障碍。如果能及时地通过人际交往，向老师、同学一吐为快，并在老师、同学的帮助与启发下，能尽快地制定克服不利方面和因素的措施，就会很快地走出困境。

对中学生来说，积极的、健康的人际交往会使他们的精神生活丰富多彩，心理障碍能及时有效地得以消除；而孤僻、不合群、不注意人际交往的同学，往往对他们健康成长不利。

2. 自我认识与完善的作用

人的自我认识与完善不仅需要自身在学习与实践上实现，而且也需要在人际交往中，在与他人的相互作用中来完成。

通过人际交往，在同别人的对比中，人会更容易发现自己的优点和弱点、优势和劣势、长处和短处，从而更有针对性地保持自己的优势，吸收别人的长处，克服自身的缺点，不断完善自己。

中学时期，是人的自我认识逐步成熟的时期，也是人的自我完善的起点时期，因此，是一个很重要的打基础的阶段。

一方面，中学生在与其他同龄人交往中，以他人为衡量的尺度和借鉴的镜子，从与他人各个方面的比较中，更全面地认识自己。同样学习一门功课，考试的结果，自己的成绩在班里名列前茅，说明自己的学习是刻苦的，基础是好的；同样担任班干部，自己所负责的某一项工作开展得不如其他班干部好，说明自己的能力还不如别人强，需要在实践中进一步锻炼自己；在一场知识竞赛中，自己的得分比别人高，说明自己的知识面较广；在一场体育比赛中，自己的成绩不如别人，说明自己体力与运动水平与别人还有差距。

当然，这种对比、衡量、借鉴的标准，也会因时间、地点、对象的不同而发生变化。例如，有的中学生在小学阶段是班里、甚至年级里出类拔萃者，而一旦进入重点中学，就会成绩平平。这样他的自我认识就会发生变化，由小学时期对自己估计过高，沾沾自喜，逐步转变成对自己估计不足，使自我认识在更广泛、更高层次的比较中更趋合理、成熟，逐步形成较为客观、正确的自我认识。在此基础上，找出差距，找准目标，进一步完善自己。

端正自己的态度和看法以及通过自己与别人的的交往来进一步完善自我认识、自我评价。有些方面优缺点自己是不容易感觉到，而周围的长辈或同辈人是容易发现的。

因此，正确对待别人意见，主动征求别人意见，是使自我认识更趋完善、更趋客观的有效途径，也是使自己更趋成熟的标志。

从上述中学生人际交往的外在的社会作用和内在的心理作用的分析中，不难看出，正确、积极的人际交往对中学生的健康成长和在德、智、体方面全面发展的作用是极大的，意义是深远的。

三、加强个人修养，密切人际关系

如何建立良好的人际关系呢？我们想从修养方面提出几点建议供大家参考。

1. 要有正确的自我意识

自我意识是一个人对自己存在的认识，包括对自己的生理状态（如身高、体重、体形、相貌）、心理特征（如兴趣、爱好、能力、性格、气质等）、自己和他人的关系、自己在群体中的角色、地位等等认识。自我意识是一个人行为的出发点，它影响个人的知觉、思维、学习行为，而影响最大的是人的自尊心和自信心。

自我意识，特别是自我评价制约着个性的发展方向。自我意识越正确，就越能使自己更好地适应环境，越有利于自我发展，越有利于正确的人际交往。自我意识不正确就会出现许多不适应，特别是人际关系上的不适应，造成个人身心发展上的困扰，自卑、自负、自暴自弃、刚愎自用，都是错误的自我评价。

2. 要掌握适当的"度"

处理人际关系，要讲究"适度"。"万物皆有其度"，待人接物，"不卑不亢，落落大方"，表现人的精神面貌，反映人的内在涵养。人不仅要正确地评价自己，自我尊重；也要正确地理解他人，尊重他人。适度的自我尊重有助于个人有效地适应环境，增加安全感，产生自信、乐观和容忍挫折的能力。而过度的自尊感则表现为自命不凡，会增加其适应的难度。

自尊感缺乏则会产生依赖、自卑、盲从、多疑、脆弱等心理障碍。讲究"度"就是讲究唯物辩证法，既要看到自己的优势、长处，也要看到他人的优势、长处；既要说明自己的为难之处，也要体谅别人的为难之处。"理解万岁"必须以个人修养为基础，加强个人修养，在待人接物时，努力做到自信而不自傲，自谦而不自卑。

3. 珍视友谊，发展友谊

友谊是青少年心理发展的必然现象。相对小学生而言，中学生对友谊的需要更强烈，理解更深刻，要求也更高。中学生开始懂得友谊要以共同的志趣、爱好、追求为基础，要超脱世俗的偏见、尘世间的势利和实用主义，这种纯洁的理想化的友谊是极为宝贵的。

另外，中学生的成长和成熟大部分要依靠外来的帮助，要依靠友谊的帮助。健康真挚的友谊可以成为行动的内驱力，成为德才兼备的精神支柱。中学时代的友谊相对稳定、持久，有的可以保持终生，成为人生旅途不可缺少的精神力量。

4. 要有参与意识

在未来的教育中，将会特别重视学生的参与性学习。

在参与性学习过程中，学习者不仅表现出与决策者合作的愿望，不充当被动受限制的角色，而且会强烈地表示要更充实地生活的愿望，并在积极参与决策和充实地生活的交往中不断学习，"创造在学校学习与未来参与社会活动和生活之间的一致性和适应性。"

因此，现在的中学生，要使自己具备迎接21世纪挑战的能力，就必须抓住机会，参加社会上的各项活动，在交往中提高自己，在活动中展示自己。例如，对城市的交通拥挤、环境污染、生态环境破坏、森林火灾、野生动物的保护以及社会的犯罪问题、贫穷落后问题、人口失控问题等诸多社会问题进行调查研究，对于产生的原因，可能产生的严重后果等进行分析，并提出自己关于解决这些问题的可供选择的方案与对策，培养学生关心和解决社会问题的习惯和能力。

另外，对于中学生还要适当地安排一定的时间，到商店、图书馆、博物馆、车站、机场、轮船码头等公共服务场所去参加社会服务性劳动，树立为人民服务的思想、观念，培养参加平凡劳动的习惯，提高为社会服务和适应社会的意识，增强学生的社会责任感和价值观。

此外，对于那些智商较高并具有特长的学生，要特别注意，因为一般来说，具有创造性才能的学生，性格内向，缺乏社交能力，好孤独，在集体活动中起妨碍作用，所以在发展个性特长的同时，不能助长个人主义，不该忽视创造也是一种集体活动。要为他们开展一些科技活动和科研活动，让他们多了解一些最新科技成果，引导他们构想未来社会的各项工作、生活体制和形态，通过他们对未来生活的体验，培养他们构想、创造和适应社会的能力。

5. 学会对感情的合理渲泄

在中学生的学习和生活中，总会遇到不顺心的事，总会遭遇挫折。"别理我，烦着呢！"做为一时的渲泄是可以理解的，但是，由此而产生的挫折感和失落感，不能让它一味膨胀，要设法转移所思，调整心绪。因为一旦所有的人真不理你时，你会发慌甚至六神无主，不利于身心健康。

感情的渲泄有直接和间接两种方式。直接的渲泄是直接针对引发感情的刺激来表达感情。当直接渲泄不利于别人或自己时，则可用间接渲泄，如向自己信赖的人倾诉，取得帮助；开诚布公地与矛盾对方交换意见，消除误会；必要时哭一场，释放积聚的能量；也可以通过体育和文娱活动等方法消除心中的积郁。这样渲泄感情既有利于个人的身心健康，又不会影响团结、妨碍学习和工作，是一种合理的渲泄。

第二节　交朋友的正确心理

　　每个人生下来都是平等的，都有同样的思想与生存的权利。由于地区的差别，由于社会分工的不同，每个人的发展方向与职业选择也渐渐不同。但是，不管你出身于什么样的家庭，来自什么样的地方，你同其他人一样，都有着完全平等的人格，而没有贵贱之分。这一认识，应该是我们交际处事和待人的理论基础。

一、平等待人，珍惜友谊

1. 平等待人

　　人际交往，"平等原则"是前提条件。没有平等待人的观念意识，就不可能与他人建立良好的交往关系。那些不懂得尊重对方的做法，都不会产生良性的交往效果。平等待人，尊重他人，是获得他人信任的起点。离开起点，友谊谈何建立？有位哲人曾说过，不懂得尊重别人的人就不会得到别人的尊重。心理学家认为，人人都有自尊的需要。所以，只有互相敬重，友谊才能赖以生长和巩固。

　　1940年"百团大战"后的一天，当时担任八路军一二九师师长的刘伯承元帅，听到师机关有的人带着轻蔑的语气把勤杂人员叫作"伙夫"、"马夫"、"卫兵"、"号兵"等，非常生气，就此事专门指出："我们革命的军队官兵平等，都是革命大家庭的一员。今后，伙夫就叫炊事员，马夫就叫饲养员，挑夫就叫运输员，卫兵就叫警卫员，号兵就叫司号员，卫生兵就叫卫生员，勤务兵就叫公务员，理发师就叫理发员。"从此，八路军中的称谓就照此统一下来了，官兵关系从此也变得更密切了。

　　刘伯承元帅平等待人的事迹，应该成为我们青少年学生处世的范例。

2. 交友重在品德

　　人生活在世界上，谁也离不开朋友，谁也少不了朋友的情谊和支持。俄国著名诗人普希金说："不论是多情的诗句、漂亮的文章，还是闲暇的欢乐，什么都不能代替亲密的友情。"生物学家达尔文也说："讲到名望、荣誉、享乐、财富等，如果拿来和友谊的热情相比，这一切都不过是尘土而已。"可见，世上的人都是多么重视朋友啊！

可是，要获得几个真正的朋友并不容易，这或许要比考几个100分更困难。俗话说："近朱者赤，近墨者黑。"好的朋友可以帮助你一块进步，坏的朋友会使你逐渐走下坡路。所以，涉世不深的中学生们，交朋择友中一定要小心慎重，一定不可忘记，一切以品德为重。只有具备良好品质和礼仪的人，才可以成为自己的朋友。

交朋友时要掌握以下基本要点：

交志趣相投，情操高尚的朋友。交朋友的目的，是为了有益于思想和学习上的进步，丰富课余生活。与志趣相投、情操高尚的人交朋友，可从他们身上学到许多东西。在他们的激励和影响下，我们自己也不知不觉地进步。

健康高尚的友谊，不仅会使我们的生活增添欢乐，人格性情得到熏陶，而且还能增强我们战胜困难的勇气，获得蓬勃向上的力量。

有缺点的朋友也可交往。一般来说，同学们都愿意和长处多的同学交朋友。但是，实际上，每个人都有各自的优缺点。你强中有弱，他弱中有强；或许他的长处正是你的短处，你的短处正是他的长处。一个同学不可能在所有方面都超过别人。那些缺点较多的同学，其才能往往潜藏在某处，只是我们尚未发现而已。我们要善于发现他人身上的闪光点，同时看到自己也有不如人的地方。与有缺陷的人交朋友，关键在于从别人的缺点中提醒督促自己，在向别人学习优点中完善自己。

不要交讲究"哥们义气"式的朋友。青少年学生渴求友情，但我们不要以为在困难时向你伸过手来的，都一定是友谊的手；不要以为跟你谈得来的，就一定是知心朋友。有些讲究"哥们义气"的人，往往利用青少年缺乏社会生活经验的弱点和渴望友谊的心理，讨好你，亲近你，得到你的信任，然后在不知不觉中把你引向歧途。

3. 珍惜友情

青少年本来最珍视友谊。然而，有时当生活中发生一点波折以后，有些同学竟就对友谊产生了怀疑。本来是两个很要好的同学，偶尔口角一句，从此就不再说话了；同桌而坐的学友，为了争考第一，借到一本参考书，竟封锁起来；有人告诉你，你最要好的同学把你不愿让别人知道的隐私披露了出去……

碰上这种事情，有的同学变得灰心消沉，自认真心诚意对待人，别人却把自己随随便便给伤害了。这使他十分难受，甚至开始怀疑世界上有没有纯真的友谊。

其实，同学和朋友间的亲密情谊，是永世长存、无处不在的，是任何力量也扼杀不了的。要好的同学、朋友突然闹起了别扭，产生了矛盾，原因是多种多样的。有时候，是别人误会了自己；有时候，确实是自己的失误造成的。遇到这种情况，我们首先要做的是严格要求自己，认真反省自己的行为。发现错了，勇于承认，并迅速改正。

然而，有些时候，我们与朋友之间关系的紧张却是起因于朋友的错误。在这种时候，该怎么做才是得体的呢？

古代名著《世说新语》里有个"管宁割席"的故事：有一对好朋友——管宁和华歆——一起在菜园中锄草，突然掘出一片金子，管宁照旧挥动锄头，把金子看得同瓦石没有两样，华歆却拾起金子看了一番，然后才扔掉。后来，又有一次，他们一同坐在一张席子上读书，有个坐着马车的显贵人物从门口经过，管宁照旧读书，华歆却放下书本，走出去看。看到华歆如此贪慕富贵荣华，管宁很生气，就割裂席子，把座位分开，对华歆说："你再不是我的朋友了。"

"管宁断席"的故事受到很多人的传颂，但也有人对此有不同的看法，认为管宁仅仅因为老朋友有一些这样那样的毛病，便这么绝情地与他一刀两断，未免太不合人情，也太不珍惜友谊了。从历史上看，华歆后来当上了魏国的相国，史学家称赞他是"清纯德素"的"一时之俊伟"，可见这个人其实并不是什么追逐名利的小人。

我们当然希望自己交上的朋友个个都是品德优异的人，但是，这样说绝不是等于要自己的朋友个个都必须完美无瑕，做人处事处处都合乎规范，永远正确。"金无足赤，人无完人。"要知道，生活中，一点缺点也没有的朋友是永远也找不到的。

在一个集体中，有人先进，有人后进；先进者会有缺点，后进者也不见得没有优点，这才符合生活的真实。古人说："人至察则无徒。"对朋友要求太高，像容不得眼中的沙子一样容不得朋友的一星半点过失，这个人

116

将会没有朋友。对于有缺点的朋友和同学，我们决不可以横眉相向，鄙视疏远，断绝往来；而应诚恳直言，晓之以理，耐心帮助，这才是真正的待友美德。

二、助人为乐，宽大为怀

1. 助人为乐

讲到助人为乐，同学们自然会想到雷锋。雷锋讲过一句名言："要使自己活着，就是为了使别人过得更美好。"雷锋助人为乐的事迹，是同学们耳熟能详的了：当他看到辽阳遭水灾的消息时，连夜把自己积攒的 100 元钱寄给灾区人民；出差在沈阳换车时，他用自己的津贴为一个丢失钱包和车票的老大嫂买了车票，并送她上车；得知战友小周的父亲患了重病，他便设法以小周的名义给他家寄去 10 元钱；雷锋一出现在公共场所，人们总能看到他那忙碌的身影和额头上的汗珠，或扫地擦玻璃，或给旅客送水，或扶老携幼……

为什么雷锋已经故去这么多年了，而他的名字、他的事迹却一直为人们所传颂？这是因为雷锋形象所体现的助人为乐精神，正是我们的时代、我们的社会极其需要的伦理与美德。

生活中，一个社会，一个集体里，良好的人际关系离不开友爱和关心。人与人之间的友谊内容，除了互相尊重、志趣相投之外，还应充满关怀。要赢得友谊，就要切切实实地关心对方，体谅对方，尽量为对方着想和排忧解难。一个眼中只有自己，只关心自己，只喜欢别人帮助自己的人，肯定不会拥有真正的朋友。

以一颗热忱的心，向你的同学、亲友和邻居伸出帮助之手，实际是最高的礼仪表现。因为，一百句礼貌用语也抵不上一件助人的好事，只有诉诸行动，乐于帮助别人，才是对别人最实际的尊重。对人的实际帮助，表现为对人的照顾、关怀、体贴：别人有困难，乐于帮助；人们之间有纠纷，热心调解；别人有了缺点或错误，能善意指出……人与人之间的关系从来都是相互的，一个能够尊重、关心和爱护别人的人，自然也会得到别人的关心、爱护和帮助。

前苏联著名作家高尔基在给小儿子的一封信中说，我一看到你栽的花，心中就充满喜悦，"如果你永远地，整个一生都给人民留下美好的东西——花朵、思想，关于你的光荣回忆，那么你的生活就会轻松愉快。""当你感到一切人都需要你的时候，这种感情就会使你有旺盛的精神。"这正是对"助人为乐"美德的诗意般的概括。

2. 宽怀大量

所谓宽怀，即指为人要胸襟大度。法国文学家雨果曾说过："世界上最广阔的是海洋，比海洋更广阔的是天空，比天空更广阔的是人的心灵。"胸怀大度，能使人与人的关系更加和谐；若斤斤计较，心地狭窄，则容易使人际关系紧张。有的中学生，待人接物中，心胸偏狭，控制力差，稍不如意就恶语相对，或耿耿于怀。

在日常生活中，类似这样的例子是经常可见的：

电影院。进场的观众如潮涌入。由于拥挤，一个中学生不小心踩了前面的一个中学生的脚，挨踩的一把抓住踩人的，瞪着眼睛喊："你瞎了？没长眼睛？"对方也不甘示弱，挑衅地说："怎么着，找茬儿打架？你以为我怕你？"说着两人扭打起来。皮肉受苦不说，这两人都因为扰乱公共场所秩序被罚款，同时被撵出电影院。

对我们中学生来说，心胸与度量不是个无关紧要的小问题。它不但关系到我们的个人形象，还关系到学业的成败。在学习与社交过程中，度量也直接影响到人与人之间的关系是否能协调发展。

人与人之间经常会发生矛盾，有的是由于认识水平的不同，有的是因为对对方的不了解，或者是一时的误解。你能够有较大的度量，以谅解的态度去对待别人，这样才可能赢得理解，赢得支持，赢得良好的人际环境，使自己与他人的矛盾不断缓解、消失。

反之，如果度量不大，为了丁点大的小事而争吵不休，斤斤计较，结果必将是徒伤感情，葬送友谊；分散精神，贻误学业。

三、信守承诺和交往美德

1. 一诺千金

在我们与同学或亲友交往中，一定要讲究信用，说话算数，绝不爽约。这也是文明礼貌的标志之一。

古时候有个"抱柱守信"的故事，传说有个叫尾生的年轻人，他和别人约会在桥下相见。尾生在桥下等了很久，约会的人还是没有来。又过了一会，河水上涨，漫过桥来了。这时尾生为坚守信约，死死抱住桥柱子不放，一心等待约会的人前来。后来，河水越涨越高，竟把尾生淹死了。

尽管尾生抱柱等死有点迂腐，但他那种坚守信用的精神却是值得称颂的。因为他把信用看得比生命还重要。我们中华民族自古就有坚守信用的传统和美德，单是讲"信"的成语就有"信誓旦旦"、"信而有征"、"信赏必罚"、"言而有信"、"徙木立信"、"一言为定"等等。

对比古人，观照自己。同学们不妨反省一下自己是否有过失约食言的行为呢？譬如，别人托你买一张球赛票，钱都交给你了，你拍胸脯担保绝对没有问题，可到了售票处一看，队排得那么长，你就不乐意买了。又如，几个同学相约假日同去旅游，事到临头你又变了卦，或是约的早晨七点钟集合，你却八点才到。请不要以为这些是小事一桩，如果你在小事上经常失信于人，人们在大事上也会对你不信任的。正像孔夫子说的："人而无信，不知其可也。"

如果说，古代社会尚且如此重视信守诺言，那么，到了人们的联系比过去更为密切，互相间的影响和连锁反应也比过去更为强烈的今天，信守诺言就更为重要了。一个人讲信用，重诺言，就是对他人利益的尊重。轻诺寡信，轻则妨碍他人的休息和生活，重则影响自己的事业和效益。现代社会环环紧扣，一个人违诺失信，常常会影响波及公共事业与大众利益，甚至造成严重损失。所以，慎诺重信，言必信，诺必果，是青少年学生从小应该养成的好品质，是一代新人自重自爱的表现。

2. 保密与美德

秘密，是任何人都有的。早从小学时代起，我们就开始在一定范围内向别人保密了，就是对最亲近的父母也不例外。但是我们心头的秘密，却可以向要好的同学朋友公开，只是，这有一个条件："秘密"告诉了你，你就得为我保密。不然，以后我就再也不会把秘密告诉你了。这种向朋友吐露又要求朋友保密的倾向，随着年岁的增长，愈来愈强烈。

一个人总有一些纯属个人私事的东西，这些"隐私"往往不宜扩散，只能在自己与挚友之间"你知、我知"。这些隐私包括伤心的事，包括快乐的秘密，也包括生活的缺陷、个人的恩怨等等。这些个人"隐私"，自己闷在心里实在难耐，于是就会向知心好友倾吐出来，目的是为了赢得朋友的同情、爱怜，让其帮助自己出点子，想办法。

假如，当好友将他的苦衷告诉了我们，我们却把这些"悄悄话"公诸于众，那么会引发什么样的后果呢？朋友伤心不说，可能还会引起意想不到的连锁反应，引发系列风波，平白无故地制造出人为矛盾。而自己的形象也蒙上一重阴影。

朋友把自己的"隐私"告诉了你，即使没有叫你保密，也表明了他对你的极度信任。对此，你只有为他分忧解愁的义务，而没有把"隐私"张扬出去的权利。如果张扬出去，势必会失去朋友的信任，以后人家就再也不敢和不愿把自己的"隐私"告诉于你，而你也就成为一个严重失德的人。

人们之间互相交往，是为了交流情感、寻找帮助和增进友谊。人们结交朋友的一个重要目的，就是使自己的心里话能够找到个可以倾诉并被理解的对象。但是，言而无信的人却辜负了这种信任，他们当面答应"保守秘密"，背转身来又向别的不相干的人和盘托出。像这样的人，怎么让人与之交往呢？

3. 消灭嫉妒

在著名的荷马史诗《伊利亚特》中，有一个关于苹果的故事：

那是在狄萨利亚的国王皮琉斯的结婚典礼上，几乎所有的女神都应邀来吃喜酒，只有一个女神阿利斯没被邀请。阿利斯大为恼怒，便在筵席上丢下一个金苹果，上面写着一行小字："送给最美丽的。"这一来，引起了轩然大波，有三位女神为了争夺这个苹果，引发了无穷的纠纷，终于演变为古希腊传说中为期10年的特洛伊战争。

一个苹果为何会有这么大的魔力？关键在于上面的一行小字。正是"最美丽的"这一称号，点燃了女神们心中的嫉妒之火，于是便不择手段地相互争战。

这当然只是一个神话故事，但它却像一面镜子似地反映了人类社会的现实。在我们同学年轻的心灵中，不也同样存在着嫉妒的毒素吗？有的同学在班上处处争强好胜，容不得别人超过自己。谁被老师表扬了，谁的分数比他好了，都会引起他的不快，令他变着法儿贬低人家，讽刺挖苦，冷嘲热讽，打击别人，抬高自己。有的同学甚至大言不惭地说："我这个人就是喜欢嫉妒！"

同学们，在我们中间，像这种具有嫉妒心理的同学还真不少。这种同学在班上处处争强好胜，把精力、心思都用在满足自己不健康的心理需要上，既害集体，又害自己。有人把嫉妒比作一支毒箭。要知道，这支箭不仅会射中别人，也会射中自己！

既然嫉妒是一种极端自私的不健康的心理表现，那么我们就该坚决克服它。问题在于，怎样才能有效地克服嫉妒心理，做一个光明磊落，宽容大度的好学生呢？

首先，要深刻认识嫉妒心理对自己的危害。处处嫉妒别人，不但容易伤害别人，而且也使自己失去同情，失去朋友，最终只会使自己处于孤立之地，令人讨厌。好嫉妒别人的同学，总是把主要精力用于打听、干扰、打击比自己强的人身上，无心勤学苦练。这样做，最受影响的，其实还是自己的学业。

其次，要明白每个人都不可能事事胜于别人，不要老是要"居人之上"心头才舒服。当自己内心对比自己强的人产生嫉妒时，要提醒自己："比自己强的人是自己的榜样，我要追赶他，超过他，但不嫉妒他！"要既积极进取又不嫉妒别人，做事光明磊落，不搞小动作。比方说，在长跑中，有人跑在前，取得了成功，而你"栽"了，失败了。这时你就要告诫自己："今天他领先了，证明自己还有不如人的地方。以后我要加劲训练，下次领先的就是我。"并且衷心地向胜利者祝贺，公开坦诚地表示赶上他。

另外，要正确认识自己。很多同学的嫉妒常常是从拿自己和别人比较开始的。正因为没有正确认识自己，所以常常便以自己的优点比别人的缺点，以自己的成绩比别人的不足，越比越不服气，这不是实事求是的态度。我们应当对自己有个恰当的估价，学会取人之长补己之短，与同学们共同进步，共同提高。

同学们，大家渴望在学习上不断进步，希望自己能名列前茅，这是良好的愿望，也是容易理解的。但驱使自己前进的动力应是一颗进取心而不是嫉妒心。有嫉妒心的同学如果能够正确地以进取心取而代之，与同学真诚相处，互相帮助，你追我赶，那才会取得真正的进步！

四、特别情境中的心理调适

1. 克服害羞感

害羞，这是学生中普遍存在的一种现象。害羞的同学怕与陌生人接触，无法在众人面前流利表达自己的思想，需要求助的时候却怯于向同学启齿，遇到老师提问就脸红。害羞感令我们常常尴尬，极不自然，无法发挥我们的智慧和才能，因而严重损害了我们的风度和形象。

克服羞怯心理其实并不太难。有害羞表现的同学，不必把害羞当成包袱，因为害羞并不来自遗传，而是环境的产物，是完全可以战胜的。要自己相信自己，不要把自己的形象和表现想得那么糟，也不要因一两次不成功的经历便否定了自己的能力。谁都有失败的时候，谁都难免丢丑。然而，这些与我们的成功交际纪录相比，毕竟只占很小比例。为什么老是记住那些令自己脸红的场合，而却忘记那些光彩的时刻呢？

要学一些社交技巧，练习语言表达能力，比如怎样和身份、年龄不同的陌生人打招呼。和别人交谈前，先做些准备，写出谈话提纲，慢慢过渡为只想不写。

要大胆实践，主动到人多的地方去锻炼自己的胆量，如当众大声朗读；遇到排队的人，大大方方地从排头走到排尾；当公共汽车从你面前开过时，从容地朝车箱里望望；买东西时，大方地要求选择或退换商品；穿自己喜欢的新衣服在街上走……锻炼胆量，特别是要培养说话的勇气。说话当然要想好再说，但临场时也不要过分地瞻前顾后，只要认为该这样说，就大胆地说出来。

多参加集体活动。在集体活动中，人与人接触频繁，而且内容和目标一致，这为交往提供了良好的条件。所以，热爱集体，积极参加集体活动，也是克服羞怯心理的重要途径。相信这么一来，你的形象将会大为改善，你将会变得越来越大方！

2. 息怒有方

同学们恐怕都听到过气话吧？当你遭到气话的骚扰时，怎么办？记住要忍让，不要冲动。西方谚语说："愤怒会吹熄智慧之灯。"人一旦冲动发怒，便可能置礼仪修养于不顾。所以，一个聪明睿智的人，面对这类问题时便会想起"冷静"两字。

通常，说气话的人可能出自多种原因：有时是委屈，觉得对方不理解自己或冤枉了自己；有时是自己的想法、行为受到别人的阻碍而不能实现；有时是看到对方损害了他人或集体的利益；有时是个人利益受到损害，只顾自己不顾别人……不管哪种情况，气话的共同特点是带有突发性、冲动性和短暂性。从言语上看，说气话的人措词往往绝对、夸大、过激；从表情上看，说气话的人有的神气活现，有的暴跳如雷，有的涕泪交加，有的咬牙切齿，很少能保持常态。

而听到气话的人呢？也有不少人难以保持常态，有的人大为激怒，有的人气闷不已，有的人伤心消沉，有的人则不假思索地"以牙还牙"，故意加倍回敬以另一番气话，以报复原先说气话的人。结果便使一时的气话变成恶性的连环，害果越变越大。

气话使人失去常态，失去风度，失去理智，陷入了意气用事之中，人为地夸大和激化了矛盾，伤害了友谊。可见，说气话与不能正确对待气话同样都是有害的，都是有损我们的形象的。那么，怎样对待别人的气话才是正确的呢？

保持清醒的头脑。有些气话不是你直接听到的，而是经过了别人的转述。究竟原话是否如此，一定要保持几分怀疑。即使自己直接听到了冲你而发的气话，也要想：他为什么这样说？会不会是误会了？也许我真的错了？用这种方法先把自己的情绪控制下来，再慢慢去理出个为什么，并找机会解释，消除对方的"气"。

"不以为然"。也就是说，不把对方的气话完全当成真话。说气话的人常常是在失去理智的前提下一时冲动开口的，所以这些话就不一定是真话，并不完全代表说话人的真心。听到气话时，保持礼貌的沉默，心想"虽然现在他这么说，但他会后悔的"，从而对对方的"挑衅"不予理会。这种冷处理的办法，有助于抑制气话的害果。

宽容和忘记。说气话是很糟糕的事。说气话的人图的是一时的痛快，给人留下的，却是长时间的难受。但是，事情既然发生了，就要理智地对待它。对于别人说气话，我们要尽快忘掉；对说气话的人，要设身处地地为他们着想，谅解他们，绝不报复。

近代史上著名的民族英雄林则徐，在他的大厅里悬挂"制怒"二字，

用以督促自己凡事忍耐，不发怒。英国作家毛姆说："容忍是人的美德。人如能容忍，这世界也许更适于生活。"法国作家拉芳登说："忍耐的效果往往超过力量与愤怒。"

每当我们遭受到气话的攻击或蒙受冤枉时，请记住："生气是一个人对自己的最大惩罚。"

3. 猜疑心要不得

所谓"猜疑"，便是无根无据地猜测怀疑。仅凭自己的主观想象，或是听信别人的飞短流长，捕风捉影，由此去猜测对方如何如何。然后产生戒心，这也怀疑，那也怀疑，造成自己与他人之间的心理隔阂。

中国古代有则寓言，很能说明问题：

有一个人丢了斧头，便怀疑是邻居的儿子偷的。于是他左看右看，觉得那个邻居的儿子走路的姿势、面部的神气、说话的腔调，乃至一举一动，实在都极像偷斧子的人。过了不久，这位丢斧人找回了遗失的斧子。这时候，他再看邻居的儿子，又觉得那人的一举一动，的确一点儿也不像偷斧子的人了。

猜疑是一种十分不负责任的心态，也是一种极其无礼的行为，更是和睦人际关系的一大祸害。多一分猜疑，人际之间就少一分诚意，多一分庸俗的烦恼和无聊的忧愁，给了别有用心的人多一分可乘之机。互相猜疑，会使集体涣散，人心各异，影响学习，影响生活。无端地互相猜疑，会使同学、邻里、师生之间产生隔阂与矛盾，难免伤感情，结芥蒂。好朋友之间也可能因此反目，产生怨恨。一个人，如果过份猜疑，而又不知醒悟，很可能就会酿成大祸。

英国哲学家培根是这样告诫青年人的："心思中的猜疑有如鸟中的蝙蝠，它们永远是在黄昏里飞的……这种心理使人精神迷惘，疏远朋友，而且也扰乱事物，使之不能顺利有恒。"

古诗云："长相知，不相疑。"意思是说，彼此要深切了解，才不会彼此猜疑。同学之间要不相疑，就必须"长相知"，"让一个灵魂孕育在两个躯体里"，努力改变有碍于与人交流的癖性。在班集体中，与同学融洽相处，善交朋友，常与他人促膝谈心，沟通思想。

4. 忘掉别人欠你的情

中国有句古话："虽有兄弟，不如友生。"可见交友之重要。有些同学在交友过程中，往往开头人缘不错，但友谊却往往不持久、不巩固。这种现象很有代表性。究竟是什么原因使其能开好头却不能结好尾呢?

一个人的待友之心，往往体现在日常生活的琐细事情中。分析起来，这些同学之所以开始显得人缘很好，主要是因为他们一般都比较随和、乐于助人，能够想别人所想，济别人所难。在这些方面，这些同学的确做得不错。但是，在他们帮助过别人之后，内心也就不断增长期待别人回报的心理。当这种心理得不到满足时，他们与曾经被帮助过的人的关系便日渐冷淡了……

不错，同学之间应该互相帮助，互相接济，但是这只能是我们自己的信念，而不能以此强求别人，甚至因别人做不到这一点，自己也就放弃了这一义务。埋怨对方没有投桃报李，自己吃了亏，说那些"我对他多好，我帮他做了多少事。轮到这次我求他，他却不管，真不够朋友"之类的话的同学，在他们看来，"友谊"几乎成了一种贸易。与人交往，施恩图报，而恩和报之间又难得均衡，那么，这样的朋友关系又怎能发展下去呢?斤斤计较的人不但会失去朋友，而且会失去自己的品格。

古希腊政治家伯利克说："我们结交朋友的方法是给他人以好处，而不是从他人方面得到好处。""当我们真的给予他人以恩惠时，我们不是因为估计我们的得失而这样做，乃是由于我们的慷慨这样做而无后悔的。"为此，请把别人欠你的情尽量忘掉。

125

第四章　学习现代礼仪

对外开放的国策打破了长期封闭的环境，使得人们深刻地意识到坐井观天只做一只井底之蛙已难以适应形势，唯有从井底跳出，走出国门、走向世界，才是现代人应有的意识。要从狭小封闭的环境中走出来，除了应具备一些必备的专业技能外，还必须了解如何与人相处的法则和规范。这些规范就是社交礼仪。礼仪的学习能够帮助你顺利地走向社会，走向世界，能够更好地树立起自身的形象，在与人交往中给人留下彬彬有礼、温文尔雅的美好印象。

第一节　现代礼仪的概念

现代信息社会飞速发展的传播沟通技术和手段日益改变着人们传统的交往观念和交往行为。尤其是人们交往的范围已逐步从人际沟通扩展为大范围的公众沟通，从面对面的近距离沟通发展到了不见面的远程沟通，从慢节奏、低频率的沟通变为快节奏、高频率的沟通。这种现代信息社会的人际沟通的变化给人类社交礼仪的内容和方式均提出了更高的要求。如何在这种沟通的条件下，实现有礼有节的交往，去实现创造"人和"的境界，这是学习礼仪的另一意义。

一、现代社交礼仪的涵义

1. 现代社交礼仪的概念

现代社交礼仪泛指人们在社会交往活动过程中形成的应共同遵守的行

为规范和准则。具体表现为礼节、礼貌、仪式、仪表等。

礼节即礼仪节度。礼本意谓敬神，后引申为敬意的通称。《礼记·儒行》："礼节者，仁之貌也。"礼节指人们在社会交际过程中表示致意、问候、祝愿等惯用形式。

礼貌指人们在相互交往过程中表示敬重、友好的行为规范。

仪式泛指在一定场合举行的具有专门程序、规范化的活动。《说文解字》说："仪，度也。"本意指法度、准则、典范。后引申为礼节、仪式。

仪表指人的外表，包括容貌、服饰、姿态、举止等方面。

总之，现代社交礼仪是现代人们用以沟通思想、联络感情、促进了解的一种行为规范，是现代交际不可缺少的润滑剂。

2. 现代社交礼仪特点

（1）普遍性

古今中外，从个人到国家，礼仪无时不在，无处不在。凡是有人类生活的地方，就存在着各种各样的礼仪规范。远古时候，人类为了求生存要祭神以求保护，这种礼仪形式至今在一些偏僻地区依然存在，如在春节时，家家户户要摆起烛台祭祖宗，祭天神、地神和灶神，以求来年风调雨顺，阖家幸福。这是人类一种美好愿望的寄托。尽管有封建迷信的色彩，但仍旧作为一种礼仪而存在。

现代社交礼仪的内容已渗透到社会的方方面面，从政治、经济、文化领域，到人们的日常生活方面，礼仪活动普遍存在。比如，大到一个国家的国庆庆典，小到一个企业公司的开张志喜，再到人们日常生活中的接待、见面谈话、宴请等，均需要讲究礼仪规范，遵守一定礼仪行为准则。

礼仪是人类在社会生活的基础上产生的行为规范，全体社会的成员均离不开一定的礼仪规范的制约。在生活中，许多礼仪是不随人的意志为转移的，它的存在本身具有很强的普遍性，无时无刻不约束着人们的行为规范，反映着人们对真善美的追求愿望。比如最简单的问候语"你好"、"再见"等，这几乎是全世界通用的一种问候礼节，具有绝对的普遍性。

（2）继承性

具有"礼仪之邦"的泱泱大国，人类的礼仪文化自然也源远流长。在礼仪发展的源流中，礼仪文化的发展是一个扬弃的过程，一个剔除糟粕、

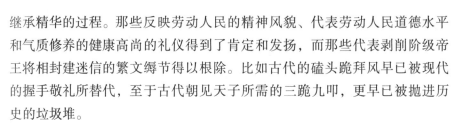

继承精华的过程。那些反映劳动人民的精神风貌、代表劳动人民道德水平和气质修养的健康高尚的礼仪得到了肯定和发扬，而那些代表剥削阶级帝王将相封建迷信的繁文缛节得以根除。比如古代的磕头跪拜风早已被现代的握手敬礼所替代，至于古代朝见天子所需的三跪九叩，更早已被抛进历史的垃圾堆。

而那些"温良恭俭让"、"尊老爱幼"的行为规范则得到了弘扬。以往老人生日寿辰时，晚辈得行祝寿礼仪，置办寿辰酒宴以祝老人福寿无疆，万事如意，而如今的年轻人除了摆寿酒外，还在电台点歌、电视台点节目以祝老人生日快乐，寿长福远。这种变迁不仅反映了人类礼仪的一脉相承，也反映了礼仪在继承过程中得到了丰富发展，更突出了人类对那些代表礼仪本质东西的倾心向往。可见，礼仪变化的继承性必将随着人类历史的不断进步而发展。

（3）差异性

人说"百里不同风，千里不同俗"，不同的文化背景，产生不同的礼仪文化，不同的地域文化决定着礼仪的内容和形式。我国疆土辽阔，是一个多民族大家庭，不同的民族，其风俗习惯、礼仪文化各有千秋。就说见面问候致意的形式就大不一样，有脱帽点头致意的，有拥抱的，有双手合十的，有手抚胸口的，有口碰脸颊的，更多的还是握手致意。这些礼仪形式的差异均是由不同地方风俗文化决定的，具有约定俗成的影响力。

礼仪的差异性除了地域性的差异外，还表现在礼仪的等级差别上，对不同身份地位的对象施以不同的礼仪。同样是宴会就会因对象的身份地位高低的差别而有所不同，身份和地位高的，可能就会受到更高级的款待，身份低的相对就低一等。

（4）时代性

礼仪作为一种文化范畴，必然具有浓厚的时代特色。任何时代的礼仪由于其时代的特性和内容，往往就决定了它的表现。比如，礼仪本起源于原始的祭神，因而人类最初的礼仪是从祭神开始的，例如古代把裸体怀孕的妇女陶塑像作为生育女神来祭拜，这正是基于人类在蒙昧时期无法更好地保护自己而产生的强烈的对生殖崇拜的一种礼仪表现。

时代的特色对文化冲击的烙印是巨大的，可以说，每个时代的文化正是时代变迁的缩影，而礼仪文化也如此。如辛亥革命的爆发，猛烈地撞击

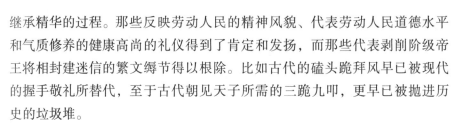

校园中的交际礼仪
XIAOYUANZHONG DE JIAOJI LIYI

了封建社会的上层建筑及其意识形态，也影响到了人们日常生活的方方面面，于是就造就了一代新风尚。据1912年3月5日时报记载："清朝灭，总统成，皇帝灭……新礼服兴，翎顶补服灭，剪发兴，辫子灭，爱国帽兴，瓜皮帽灭，放足鞋兴，菱鞋灭，鞠躬礼兴，跪拜礼灭，卡片兴，大名刺灭……"。

可见礼仪文化总是一个时代的写照。文革时期，清一色的服饰文化正是当时人们思想行为统一到一个文化模式中的反映。而现在丰富多彩的服饰文化也正是现代人丰富的内心世界的反映，也是社会改革开放的投影。

（5）发展性

我们说，时代总在不断的前进。礼仪文化也不是一成不变的，而是随着社会的进步而不断发展。一方面，礼仪文化随时代的不断进步而时刻地发生着变化。如现代人所拍发的礼仪电报、电视点歌祝寿贺喜等礼仪形式就是时代进步而产生的新生事物。

另一方面，随着国家对外交往的不断扩大，各国的政治、经济、思想、文化等诸种因素的互相渗透，我国的传统礼仪自然也被赋予了许多新鲜的内容。礼仪规范更加国际化，礼仪变革向符合国际惯例的方面发展。

如何形成一整套既富有我们国家自己的传统特色、同时又符合国际惯例的礼仪规范已成为必需。这种礼仪文化的培养和形成有助于我们的国家走向世界，更好地与国际接轨，成为地球村上一个真正的礼仪之邦。

礼仪规范的这种发展性总是与时代精神密切地结合在一起。礼仪文化的发展总是受时代发展变化的推动的，时代不前进，礼仪文化的内容自然也不会得到很好的发展。时代性与发展性和继承性都是相辅相成的。总而言之，随着时代的不断进步，人类的礼仪规范必将更为文明、优雅、实用。

二、现代社交礼仪的职能

社交礼仪作为人类的行为规范和准则，必然具有其内在的职能。社交礼仪具有四大职能：第一是塑造形象；第二是沟通信息；第三是联络感情；第四是增进友谊。

1. 塑造形象

塑造形象是现代社交礼仪的第一职能，包括塑造个人形象和组织形象

两方面。

人类生活在大千世界中，与世界不可能是毫无关系的，而是存在着息息相关的各种人际关系。人际关系其实也是一种社会关系，有两方面内容：

一是人人均生活在一定的国家，归属于一定的民族和阶级，因而人人都处于一种宏观关系中。

二是人人都有自己的亲朋好友同事，上下级等人际联系，因而人人均处于一种微观关系中，在社会生活中每个人均以自己特定的身份和角色去与人相处。有时人们以个人身份去待人接物，此时表现的纯粹是个人形象，而有时人们又以个人形式代表组织去与人相处，此时表现的就是组织形象，故人们在现代社会交往中，总是以两种形象出现，一种是个人形象，一种是组织形象。社交礼仪就其职能而言，即不仅能帮助树立良好的个人形象，还能帮助树立优秀的组织形象。

（1）个人形象塑造。

在社会生活的大部分时间里，人们总是以个体形象出现在生活中，人类大部分时间是代表着自身的存在意义，比如生活在家庭中，生活在朋友之间，人们总是以自身最好的形象去生活，但有时人们互相相处时，也会出现诸多障碍，某某不拘小节，某某不知礼知情，某某行为粗暴、态度恶劣等等。

那么人类怎么样才能使自己的生存更有意义，做一个受欢迎、受喜欢的人呢？标准和条件均是多样化的，有人喜欢潇洒的风度，有人喜欢高雅的气质，有人喜欢率直的个性，有人喜欢有板有眼等等。

总而言之，青菜萝卜各有所爱，但是不管怎么说，社交礼仪总能帮助你塑出可人的个人形象。何况当今社会，在人们普遍重视气质的前提下，人们也普遍重视起人类量的方面的诸多标准。这些标准就是社会礼仪的规范，那么怎么样的个人形象才是受欢迎的呢？

一般而言，一个具有高尚的情趣，优雅的气质，潇洒的风度的人总是备受欢迎的。

高尚的情趣，指一个人的性情和志趣高远不低俗。要培养自己高尚的情趣，就得知情知礼，不懂礼不知礼者难成高尚的人。所谓彬彬有礼，然后君子也。比如说，一个人唯有懂得尊重他人，才能在生活中与人为善，处处为他人着想。在行动上，才能产生乐于助人、不计报酬的行为。如一个人时时想着自己，心中没有他人，生活中势必斤斤计较，寸利必争，甚至为此还会损公肥私，乃至飞扬拔扈，为非作歹。这种人，自然就是一个心胸狭隘、情趣低劣的小人。

一个富有高尚情趣的人，必然是一个心胸开阔、心底无私的君子。他既懂得外在礼仪方面的涵养，更注重内在品质的锤炼。优雅的气质也即个人的一种吸引人的个性特征。不同的人就有不同的气质，不同气质的人看待问题和处理问题的方法又不同，即待人接物的礼仪就会有差异。发扬个人气质的长处，可以运用礼仪的手段来弥补气质的短处。

个人形象是否优美，很大的程度上是通过个人的风度体现出来的。比如一个人的言谈举止如果得体优雅，风趣幽默，那么大家会认为他很美。同时，如果他在装束打扮上非常邋遢，不整洁，那么即便他言语如何，同样也是不美的。可见，个人形象之美是多方面的，不仅需要有丰富的内涵，也需有外在的表现。现代社交礼仪不仅可以丰富你的内涵，同时还可以教会你许多外在的礼仪规范，使你成为一个真正受欢迎的人。

（2）组织形象塑造。

我们说，人总是社会的人，大部分的人总隶属于一个部门、一个公司，即人是组织化的个人。人在工作中，总是代表着自己为之工作的组织的利益，显然，工作中的各种形象也就代表着组织的形象。故从组织角度出发，无论是领导者还是员工，应有强烈的形象意识。

商品社会，形象就是对外交往的门面和窗口，良好的组织形象可以给组织带来无穷的社会效益。从礼仪角度而言，任何组织内的个人，均应重视社交礼仪的学习和再教育，自觉掌握现代社交礼仪的常识，为塑造良好的组织形象服务。

2. 沟通信息

沟通信息是现代社交礼仪的第二职能。礼仪行为是一种信息性很强的行为，每一种礼仪行为均可以表达一种甚至多种信息。根据礼仪表现的方式，可以把礼仪分成三种类型，一种是言语礼仪，一种是行为表情礼仪，一种是饰物礼仪。这三种类型的礼仪行为均具有很强的信息性。

言语礼仪是指通过口头或书面语言的方式表达的一种礼仪，即直接用语言来传达的某种礼节，比如问候语"你好"、"早安"、"身体好"、"万事

如意"等等。这种礼貌问候语本身就包含一种很强的信息，通过语言本身的字面含义传递给对方这样一种信息，或是祝福，或是尊重，或是一般性礼貌，或是一种随意的问候等等。

行为表情礼仪是指通过人的身体语言来传情达意的一种礼仪行为。人的身体语言属非自然语言，也称无声语言，有时也称"态势语"、"体态语"等。它泛指人际沟通中除却语言信息之外的一切由人类行为所产生的信息。它可作为人们传情达意的一种重要辅助的工具。如果说人的有声语言是人的思想的物质外壳，那么，人的人体语言可以说是人的行为和情感的物质外壳。

国外心理学家甚至提出这样一个公式：一个信息的传递＝7％词语＋38％语音＋55％表情。我们且不论此公式有多大科学性，但它强调无声语言在人际传播中所占的比重是很大的。比如手势语言在人际传播中所占的比重是有很大现实性的。

握手是社交活动中最频繁的动作，而不同的握手姿势所表达的信息显然不同：如用双手紧紧握住对方并使劲摆动，自然表示了一种久别重逢或深深的感激或浓浓的鼓励；如松松垮垮握一下对方的手，可能传达不重视或希望快结束等等的信息。

可见，手势的不同，传递的信息是全然不同的。故要求人们既要通过态势语言准确地表达自己所想传达的信息，同时又得学会准确地猜度他人传递给你的信息。唯有如此，才能在社交活动中，如鱼得水，顺利地步入社交圈子。

饰物礼仪是指通过服饰、物品等表达思想的一种礼仪。在社会活动中，人们经常通过服饰打扮或各种物品来传情达意、表达一种礼仪。不同的饰物所具有的礼仪信息是不同的。比如红色衣服适合喜庆场合，黑色衣服适合隆重、庄严的场合，白色表示纯洁、高尚等等。又如现在社交场合盛行的送花礼仪就特别有讲究。

3. 联络感情

联络感情是社交礼仪第三大职能。礼仪是人们在社交活动中形成的行为规范和准则，表现为一些礼节、礼貌、仪式等。这些礼节、礼貌在社交活动中不仅表示一种礼数。更主要的目的就是为了联络双方的感情，为个人或组织营造一个和睦的人际环境和顺畅的社会氛围，比如现代社交礼仪中的宴会礼仪，它作为招待亲朋好友迎来送往的一种礼节，首先表达的是一种礼数。这种礼数的目的就是为了联络双方的感情，增进互相的了解和信任。宴请已成为社交场合一种有效的礼仪手段。

联络情感不仅是社交礼仪的重要职能，也是社交礼仪的一个重要特征。一方面，表达感情、联络情感既是社交礼仪的重要目的，同时，行使礼仪行为的基础又必须是情感。故情感既是行使礼仪的基础，又是礼仪的重要职能。所谓有感而发，礼仪行为也如此，一定的情感基础，才能产生和颜悦色的礼仪行为，否则，礼仪只不过是一套僵化的程序和手段而已。

我们在一定的社交场合，向对方施行礼仪行为时，只有在真挚的感情基点上，生发出一系列的行为，才能让对方感受到你的行为是真诚的、友好的，否则就会产生虚情假义之嫌。比如与他人握手时，你心里还想着刚才发生的另外一件事，以致于你的眼神也是不专注的，手势也是无力的，这样的握手势必让对方感受到你缺乏真诚，让人觉得不够重视，也许一次很好的机会因此而丧失。长此以往，就会给你的社交生活带来重大损失。故必须充分认识社交礼仪的"情感"特征。

社交礼仪最重要的情感特征是真诚。以真诚的心换取他人之心，以真诚的行为款待他人，以真诚的语言取悦他人。真诚是社交成功的一半，所以在社交场合，尤其需要付出自己一颗真诚的心，方能收获温暖。由此，礼仪联络感情的职能才能得到尽情的发挥。

4. 增进友谊

增进友谊是现代社交礼仪的又一职能。现代社会由于通讯和传媒的发展，人与人的交往更多的被现代的高科技取代，面对面的人际交往相对减少。一般而言，面对面的人际交往更能加强相互的了解，增进双方的友谊，故在现代社交中，社交礼仪往往能更快更顺利地带人进入社交的境界，为双方的交往带来意想不到的成功，能迅速地增进双方的友谊，为此后的友好发展铺平道路。

社交礼仪增进友谊的职能有两个方面：一在个人的社交圈子中，能为个人交往架设友谊桥梁。二在组织的相互交往中，能为组织之间互相了解、增进友谊带来便利。

某人在省级机关某部门工作，接到某校的一份请柬，特邀参加该校举办的一次隆重的庆典活动。但他准时到达校门口时，既没有得到应有的接待，反而被学校门卫拦住审问了很长时间，之后，虽放他进校，来到庆典的地点，居然没有专门人员迎候，等了很长一段时间，也没有得到安排引导。于是他心情糟透地离开了会场。

这样一件事，后果是可想而知的。从这个学校发出请柬的出发点而言，自然是诚意可取，目的是想通过举办一次庆典活动，达到联络各方面的目的，然而由于在庆典的筹划中，许多应有的礼仪没有得到足够重视，连起码的接待、司仪人员也没有，这样一来，不仅原先的目的达不到，反而产生了更糟糕的影响。往好处想，权当是工作疏忽；往坏处想，客人会以为厚此薄彼，只重视所谓重要的客人，而忽视一些别的客人。

从礼仪角度而言，凡是自己邀请的客人，均是贵宾，理当得到足够的重视，唯有如此，才能起到加强联系、增进友谊的目的。而往往很多时候，一着礼仪行为不慎，就会产生千古之恨。就说刚才的例子，如果这位被邀请的朋友对此事难以忘怀，那么以后如果该校有事有求该部门，自然进展就不会顺利，甚至于也会遭受同样的"礼遇"。

社交礼仪增进友谊的职能是显而易见的，在社交场合中，唯有慎重处理各种礼仪行为，了解各类场合的不同礼仪，方能起到事半功倍之效。

三、现代社交礼仪的原则

在社交场合中，如何运用社交礼仪，怎样才能发挥礼仪应有的效应，怎样创造最佳人际关系状态，这同遵守礼仪原则密切相关。

1. 真诚尊重的原则

苏格拉底曾言："不要靠馈赠来获得一个朋友，你须贡献你诚挚的爱，学习怎样用正当的方法来赢得一个人的心。"可见在与人交往时，真诚尊重是礼仪的首要原则，只有真诚待人才是尊重他人，只有真诚尊重，方能创造和谐愉快的人际关系，真诚和尊重是相辅相成的。

真诚是对人对事的一种实事求是的态度，是待人真心实意的友善表现，真诚和尊重首先表现为对人不说谎、不虚伪、不骗人、不侮辱人，所谓"骗人一次，终身无友"；其次表现为对于他人的正确认识，相信他人、尊重他人，所谓心底无私天地宽，真诚的奉献，才有丰硕的收获，只有真诚尊重方能使双方心心相印，友谊地久天长。

当然真诚尊重是重要的，然而在社交场合中，真诚和尊重也表现为许多误区，一种是在社交场合，一味地倾吐自己的所有真诚，甚至不管对象如何；一种是不管对方是否能接受，凡是自己不赞同的或不喜欢的一味的抵制排斥，甚至攻击。如果在社交场合中，陷入这样的误区也是糟糕的。故在社交中，必须注意真诚和尊重的一些具体表现，在你倾吐衷言时，有必要看一下对方是否是自己真能倾吐肺腑之言的知音，如对方压根儿不喜欢听你的真诚的心声，那你就徒劳了。

另外，如对方的观点或打扮等你不喜欢、不赞同，也不必针锋相对地批评他，更不能嘲笑或攻击，你可以委婉地提出或适度的有所表示或干脆避开此问题。有人以为这是虚伪，非也，这是给人留有余地，是一种尊重他人的表现，自然也是真诚在礼貌中的体现，就像在谈判桌上，尽管对方是你的对手，也应彬彬有礼，显示自己尊重他人的大将风度，这既是礼貌的表现，同时也是心理上战胜对方的表现。要表现你的真诚和尊重，在社交场合，切记三点：给他人充分表现的机会，对他人表现出你最大的热情，给对方永远留有余地。

2. 平等适度的原则

在社交场上，礼仪行为总是表现为双方的，你给对方施礼，自然对方也会相应的还礼于你，这种礼仪施行必须讲究平等的原则，平等是人与人交往时建立情感的基础，是保持良好的人际关系的诀窍。平等在交往中，表现为不要骄狂，不要我行我素，不要自以为是，不要厚此薄彼，更不要傲视一切，目空无人，更不能以貌取人，或以职业、地位、权势压人，而是应该处处时时平等谦虚待人，唯有此，才能结交更多的朋友。

适度原则即交往应把握礼仪分寸，根据具体情况、具体情境而行使相应的礼仪，如在与人交往时，既要彬彬有礼，又不能低三下四；既要热情大方，又不能轻浮诣谀；要自尊却不能自负；要坦诚但不能粗鲁；要信人但不能轻信；要活泼但不能轻浮；要谦虚但不能拘谨；要老练持重，但又不能圆滑世故。

3. 自信自律原则

自信的原则是社交场合中一个心理健康的原则，唯有对自己充满信心，才能如鱼得水，得心应手。自信是社交场合中一份很可贵的心理素质。一个有充分自信心的人，才能在交往中不卑不亢、落落大方，遇到强者不自惭，遇到艰难不气馁，遇到侮辱敢于挺身反击，遇到弱者会伸出援助之手；一个缺乏自信的人，就会处处碰壁，甚至落花流水。

自信但不能自负，自以为了不起、一贯自信的人，往往就会走向自负的极端，凡事自以为是，不尊重他人，甚至强人所难。那么如何剔除人际交往中自负的劣根性呢？自律原则正是正确处理好自信与自负的又一原则。自律乃自我约束的原则。在社会交往过程中，在心中树立起一种内心的道德信念和行为修养准则，以此来约束自己的行为，严以律己，实现自我教育，自我管理，摆正自信的天平，既不必前怕虎后怕狼的缺少信心，又不能凡事自以为是而自负高傲。

3. 信用宽容的原则

信用即就讲究信誉的原则。孔子曾有言："民无信不立，与朋友交，言而有信。"强调的正是守信用的原则。

守信是我们中华民族的美德，在社交场合，尤其讲究。一是要守时，与人约定时间的约会、会见、会谈、会议等，决不应拖延迟到。二是要守约，即与人签定的协议、约定和口头答应他人的事一定要说到做到，所谓"言必信，行必果"。故在社交场合，如没有十分的把握就不要轻易许诺他人，许诺做不到，反落了个不守信的恶名，从此会永远失信于人。

宽容的原则即与人为善的原则。在社交场合，宽容是一种较高的境界，《大英百科全书》对"宽容"下了这样一个定义："宽容即容许别人有行动和判断的自由，对不同于自己或传统观点的见解的耐心公正的容忍。"

宽容是人类一种伟大思想，在人际交往中，宽容的思想是创造和谐人际关系的法宝。宽容他人、理解他人、体谅他人，千万不要求全责备、斤斤计较，甚至咄咄逼人。总而言之，站在对方的立场去考虑一切，是你争取朋友的最好方法。

四、现代社交礼仪的表现类型

礼仪是人们交际过程中的一些行为规范和行为方式，其内容表现的形式是多种多样的，就礼仪使用媒介划分，可以把礼仪表现分为：语言类礼仪、身体语言类礼仪、饰物类礼仪、宴请类礼仪。

1. 语言类礼仪

根据《辞海》的解释：语言即人类所特有的用来表情达意、交流思想的工具，由语音、词汇、语法构成的符号体系，有口语和书面语之分。由此，语言类礼仪又可以分为语音类、口语类和书面语类三种礼仪形式。

语音类的礼仪指通过不同的语音来表示礼仪的意思，即通过声音的高低、音色、语速、声调来暗示不同的意义。比如，同样是一个"先生，早上好"，如用不同的语音来表达，那么所传递的含义就有所不同。如采用一种平淡的、毫无激情、甚至是很低的音调来表达的，同用亲切的、富有激情的、高昂的音调所传递的含义就有差距。

但很多时候，语音类的礼仪不是独立使用的，而是同另外两种礼仪结合发生作用。但正确使用语音类礼仪显得特别重要。其中应特别注重声音的独特功能。首先声音表达要让人感到真实、朴实、自然，切忌装腔作势，嗲声嗲气；其次音量要控制得当，需轻柔时勿高昂，需低沉时勿喧哗。总之，一般情况下，音量总是以适中为宜，其次音调要注意抑扬顿挫，和谐悦耳。

口头语类礼仪即通过口头语言的方式所表达的各种礼仪，即以谈话的方式表示礼节。这种礼仪往往最多地被使用在人际交往中，与人相见相谈，首先要互相问好，相谈结束，要互相道别，这均是通过口头语言来表达的，故在迎来送往时，口语类礼仪是最常见的。口语类礼仪表达要注意时间原则、地点原则、对象原则。所谓时间原则，即不同的时间应有不同的口语礼仪。

比如白天上班时间和晚会时的口语礼仪就不同，上班时，同事相见问声好便可，如在晚会上，那么口语礼仪就应相对复杂些，除了问好之外，还可以给予适当的交流。地点原则即不同的地点口语礼仪的表达就应有所区别。对象的原则即不同的人就应有不同的口语礼仪表示。不同民族、不同国家的人自然有所不同，同一个国家的人，也可能因年龄、职位等的不同而有所区别。

书面语礼仪即通过书面语的方式表达的礼仪。这种礼仪行为不是直接在面谈时表现的，而是在非面对面人际交往时所动用的。书面语礼仪往往通过感谢信、贺电、函电、唁电、请柬、祝辞等礼仪书信形式来传情达意。

语言表达应简明扼要、切忌啰嗦重复。有分寸指语言表达要适度，既不要伤害对方，又不能损伤自尊心。在语言上表达出情和理的分寸。

2. 身体语言类礼仪

即通过人的身体各部位所表现出来的礼仪行为。人的身体语言包括表情语言和动作语言两大类。身体语言类礼仪可以划分为表情语言类和动作语言类礼仪两种。

表情语言类礼仪指通过人的脸部各种各样的表情来传递的礼仪。人的脸部表情是人世间最丰富多情的一道风景线。一个人的脸部表情包括眼、眉、嘴、鼻、颜面肌肉的各种变化以及整个头部的姿势等。

人的五官除耳朵无法支配以外，其余皆能通过大脑来随意地表现特定的情感，比如人的眼睛，是人的表情语言中语汇最丰富的。我们常说眼睛是心灵的窗户，眼睛能传达心灵的喜怒哀乐嗔怨，"眼语"就像灵魂的一面镜子。

据心理学家研究表明，人在兴奋时，他的瞳孔会马上放大，甚至可以放大到平常的 4 倍，相反，人们生气难过时，瞳孔就会缩小。在与人交往时，往往通过"眼语"可以观察对方是喜欢你、支持你，还是讨厌你、反对你。所谓深沉的注视表示崇敬，横眉冷眼指仇敌，眉来眼去指情人暗送的秋波。

在人际交往中，人的脸部表情是交往时的门面和窗口，通过脸部表情所传达的礼仪往往是最真切、最直接的。可想而知，一个拉长面孔的人向你连呼"欢迎"，是丝毫激不起你的好感的。可见，在社交场合中，我们应适时地动用我们的表情语言礼仪，为自己创造出更美好的情景。

动作语言类礼仪指通过人的各种身体动作传达的礼仪。人的身体动作非常多，有手语、肩语、腿语、腰语、足语等等。中国人常用手舞足蹈、措手不及、手忙脚乱、拍手称快、赤手空拳、搓手顿脚、袖手旁观、握手言欢等动作语言来表达人的思想行为。在人际交往中，这些动作语言所显示出来的礼仪含义是非常常见的和有深意的。

为此，我们必须了解这些语言礼仪的具体含义。比如人的"手语"是语义最丰富的动作语言，各种场合均少不了"手语"的动用。人们在谈话中，借用"手语"来辅助有声语言难以表达的意义；在谈判和演讲中，"手语"的动用更为关键。

人们用手来表示各种各样的情感。如中国人翘起大拇指表示赞扬；伸出小拇指表示鄙视；在人背后指指点点表示不礼貌等。西方一些民族则把拇指朝上表示"好"，朝下表示"坏"。

向上同时伸出中指和食指成"V"字，表示胜利；用拇指和食指圈成"O"形表示"OK"。总而言之，动作语言所表示的礼仪是非常丰富多彩的。我们应根据具体场合、对象和时间等来施行这种动作语言礼仪。

3. 饰物类语言礼仪

饰物类语言礼仪指通过服饰、物品等非语言符号表达一定的思想和情感意义的礼仪行为。一种是由服装、饰物、化妆美容等代表的礼仪，一种是通过各种物品代表的礼仪。

服饰和物品作为一种非语言符号，在现实生活中，人们有意无意地通过服饰和物品传达着一些特定的信息，或反映社会的精神风貌，或代表着自己的审美情趣，或体现民族的传统文化等等。这些非语言符号或多或少、或有意或无意地传递着社会的礼仪要求和规范，而且在社交礼仪功能上具有很强的演示性。

服饰和物品是一种情感的象征。每一种服饰和物品均可表达特定的情感。比如宴会上人们穿着晚礼服，婚礼上新娘的礼服，人们在追悼会上穿的丧服，婚礼上送的鲜花和清明上坟时所送的鲜花，均代表特定的情感意义。

服饰和物品是一种对美的演绎。谁也不会把不美的衣服披挂上身，谁也不会把不美的礼品赠送给别人。人类在采用或审视某种服饰或物品时，总是因为它本身内在的美而选择了它，比如医生的大褂，白色是纯洁和无瑕的，这象征着医生的职业也是崇高的，于是乎白大褂就成"白衣天使"的一种美的标志。

第二节　日常公关交往礼仪

文明礼仪是我们学习、生活的根基，是我们健康成长的臂膀。没有了文明，就没有了基本的道德底线，那我们纵然拥有了高深的科学文化知识，对人对已对社会又有何用？千学万学学做真人，说的就是学习应先学做人，学做文明人，学做社会人，做人首先从礼仪开始，尤其是日常礼仪。

一、人际交往中的礼貌修养

在人际交往中，有些人对他人有很强的交往引力，人们乐意与他交往；有些人却缺乏这种交往引力，人们不愿同他交往；有些人在他人心目中有很高的威信，人们非常信任他、崇拜他；有些人却在他人的心目中威信很低，人们轻视他。

在公关活动中，就是谈同样的事情，有些人很有能力促成谈判成功；有些人却时常使谈判陷入僵局或者谈判失败。推销同一种商品，有些人很容易引起人们的购买欲望，使产品很快就推销出去；有些人却激不起人们的购买欲望，推销失败。所有这些截然相反的结果，是由很多因素造成的，但一个人的礼貌修养却起着至关重要的作用。

一个人的礼貌修养主要表现在服饰衣着和言谈举止两个方面。一个人的服饰衣着往往代表一个人的身份，所以在人际交往中要特别注意自己的衣着。比如，有客人来访，穿着睡衣接待，就是对客人的不尊重，应当衣着整齐地待客。假如给客人开门时穿着睡衣，应当让客人在客厅稍等，自己去换上比较整洁的衣服。服饰衣着要与环境场合相适应，正式的场合要穿庄重的衣服。日本人特别注意到这一点，虽然日本和服漂亮，又有其特色，但正式场合中日本人也很少穿和服。

言谈举止也能反映一个人的礼貌修养程度。去拜访别人时，应考虑拜访的时间；乘车时，要让地位高、年龄大的先上，下车时，自己先下来给他们开门；同妇女一块上楼时，男子应走在后面，下楼时走在前面；同熟人见面时，要主动打招呼，别人同你打招呼，应立即回应；同他人谈话时，要注意用词，不要随便打断别人的话等等。所有这些都反映了一个人的礼貌程度，人们总是愿意同彬彬有礼的人进行交往，不愿同不懂礼貌的人打交道。

一个人的礼貌修养是逐步养成的，所以在平时就要注意养成一些好的习惯。

1. 要养成微笑的习惯

人们有一个非常动人的表情，这就是微笑，生理学家指出，人在微笑时面部肌肉有 13 块在动，而人在皱眉时，有 47 块面部肌肉被使用。微笑是一种自然的表情，能够使他人感到愉快。

我国一家公司在其广告中曾这样写道："它不费什么，但产生很多；它使得者受益，施者不损；它发生在瞬间，但回味无穷；没有富人不需要它，也没有穷人不拥有它；它给家人带来欢乐，给事业带来兴旺，给朋友带来愉快；它使疲倦者得到休息，失望者见到光明，悲哀者看到希望，它是消除痛苦的天然良药。它不能买，不能求，不能借，不能偷，因为在人们拥有它之前毫无价值。假如在购买的最后一分钟的忙碌中，我们售货员因过份疲劳未能给您一个微笑，那么我们是否可能请您留下您的一个微笑呢？"

可见，微笑在人际关系中的作用，适时地对他人报以微笑是有礼貌的表现。

2. 养成关心人的习惯

每个人都希望别人注意自己，关心自己，喜欢自己，但并非每个人都能做到注意别人，关心别人。这就是一个人的修养问题。心理学家认为：人们总是乐意同关心自己的人交往，所以，经常关心他人的人在人们的心目中的威信就高。

在他人陷入困境时，我们能及时加以帮助，甚至一句关心的话，都能起到意想不到的作用。平时，如果我们能对他人一些细小的事情加以关心，比如提一个好的建议，对他人好的言行加以赞美，见面时说声"您好"，分手时说声"再见"，都会给他人留下一个好的印象，都能使人觉得你非常有礼貌。

3. 养成善于交谈的习惯

在交谈中，一个人的礼貌程度能恰如其分地表现出来，所以，要掌握一定的交谈艺术。交谈包括听和讲两个方面。首先要学会善于聆听。在别人讲话时，要认真地听，切不可随便打断他的话，并且，要对他们的话有所反应，或点头称是，或击掌称好。

仔细聆听对方的话，能给对方以自信的感觉，是礼貌行为的表现。其次，要善于讲。讲话要有主题，注意逻辑，不可话说得不少，然而天南地北，让对方摸不着头脑，特别应注意的是，要多讲些对方比较感兴趣的话。

总之，一个人的礼貌修养程度会影响到他的社会交往，如果我们都能在日常生活中养成各种好习惯，有礼貌地同他人交往，周围将是一个多彩的世界。

二、日常礼节

1. 介绍的礼节

介绍包括自我介绍和介绍他人。

自我介绍首先应该注意的是把姓报清楚，因为在中国一般只知道姓就可以称呼，如"小马"、"张主任"等。

中国人的名字一般都有寓意，为了让对方记住自己的名字，可以按字面解释，如果用幽默、谐音来解释，会显得更生动、有趣。如"马千里，千里之马"等。自我介绍时，要注视着对方，这表现了对对方的尊重，同时也表现了对自己的尊重。

介绍他人时，应注意一定的介绍顺序。一般地把年幼的介绍给年长的，把地位低的介绍给地位高的，把男性介绍给女性。如："张经理，这是我的同事李××。"若是介绍客人，则要把客人介绍给主人；客人之间，把后来的客人介绍给先到的客人。若是忽然想不起客人的名字，可让客人自我介绍。如："来，你向大家自我介绍一下吧。"这样，就避免了可能出现的尴尬局面。

2. 握手礼

握手在人类社会中起源较早，据说原始人表示友好时，首先亮出自己的手掌，并让对方摸一摸，表示自己手中没有武器。后来逐渐演化，成为现在的握手礼。现在的握手礼已没有最初的用意，只是一种交往礼节。比如老同学、老朋友见面握手表示亲热，初次见面握手表示欢迎等。

（1）握手的次序。

两人见面，谁先伸手握手，也是对人的尊敬问题，一般的次序是：年龄较大、身份较高的人先伸手。年龄较小，身份较低的人不宜先伸手，而要等对方伸出手后，立即上前回握。

女方首先伸手。男女之间，当女方伸出手后，男方再伸手轻轻地握。如果女方不伸手，或无握手之意，男方可点头示意或鞠躬。不要贸然伸手，让女方有非握不可之感。

主人首先伸手。主人与客人之间，主人有先伸手的义务。当客人到来时，不管客人的身份如何，性别如何，主人都应首先伸出手表示欢迎，若是等客人伸手，则显得主人有怠慢之感。但无论是谁先伸出手，对方都应该毫不迟疑地回握，以避免一方一直伸着手，无所适从。

（2）握手的方式。

伸出右手，四指并拢，拇指伸开，掌心向内，手的高度大致与对方腰部上方齐平。同时，上身略微前倾，注视着对方，面带微笑。不可一边握手，一边左顾右盼。如果两人比较熟悉且感情比较激动时，握手的力度可以大些，握手时间可以长些，并可双手加握。

若对方是长辈或上级，则用力应稍小，否则给人一种强迫的感觉。与晚辈或下级握手可适当用力，只须象征性地轻轻一握即可。但无论对方是谁，都不可被动地让对方握，自己毫无反应，这样会给人一种应付的感觉。

男性不可戴着手套与他人握手，这是礼貌性的问题，当对方伸出手后，应迅速脱去手套上前相握。女性可戴着薄手套同他人相握，这不算失礼。不要用湿手、脏手同他人握手。若你正在干活，对方热情地伸出手来，你可以一面点头致意，一面亮出双手，简单说明情况并表示歉意，以取得对方的谅解，同时，赶紧洗好手，热情接待。

（3）握手语。

在握手时，常伴有一定的问话，称为握手语。常见的握手语有以下几种：

问候型。这是最常见的一种握手语。一般的接待关系可用这种形式。如："你好！""最近怎么样？""工作还那么忙吗？还在那个单位吧？"等。

祝贺型。当对方有突出成绩，受到表彰或遇到喜事，在接待时可用这种形式。如："恭喜你！""祝贺你！"等。

关心型。这种形式特别适用于长辈对晚辈，上级对下级或主人对客人等。如"辛苦了！""一路很累吧？""天热吧？"等。

欢迎型。第一次来的客人、女士或公务接待，均可用欢迎语。如："欢迎光临！""欢迎你！"等。

致歉型。自己有地方做得不对或表示客气时可用此类握手语。如："照顾不周，请多包涵。""未能远迎，请原谅！"等。

祝福型。送客时多用此握手语。如："祝你一路顺风！""祝你走运！"等等。

3. 递名片的礼节

现在有很多人用名片代替了自我介绍，所以应掌握递名片的礼节。

名片一般都有一定的规格，长 9 厘米，宽 5.5 厘米，上面印着姓名、职位、地址、电话等。一般递名片的顺序应是地位低的先把名片交给地位高的，年轻的先把名片交给年老的。不过，假如是对方先拿出来，自己也不必谦让，应该大方收下，然后再拿出自己的名片来回报。

向对方递名片时，应该让文字正对着对方，用双手同时递出或用右手递出，千万不要用食指和中指夹着名片给人。在接到对方递过来的名片时，应双手去接，接过后仔细看一遍，有不认识的字应马上询问，不可拿着对方的名片玩弄。看完后应将名片放入名片夹或认真收好，不可随手扔到桌子上或随便放入口袋，这都是对他人的不尊重。

4. 微笑点头礼

微微地点头，以对人表示礼貌，这是点头礼适用于比较随意的场合。如在路上行走或在公共场合与熟人相遇，可行"点头礼"，友好地点点头即可，忘记对方姓名或只觉得对方面熟时，可点头致意，但点头时要面带微笑，这是对人的礼貌。

5. 分手的礼节

向他人提出告辞后，应立即从座位上站起来，不能虽然提出要走，而丝毫没有走的意思，当主人送行时，要让主人留步。作为主人，当他人提出告辞后，应诚心挽留，若对方没有要留下的意思，也应随同客人站起来相送。让客人走在前面，并送出房间，不可一只脚在房间里，另一只脚在房间外相送，也不可客人刚一出门，就"砰"地关门，或是不等客人走远就开始议论客人。客人走时，要说些"欢迎下次再来"、"慢走"之类的话，以示礼貌。

三、礼貌用语

俗话说："良言一句三冬暖，恶语伤人六月寒。"礼貌用语就属于良言之列。礼貌用语在公关活动中起着非常重要的作用。

1. 招呼用语

招呼用语表示的是打招呼人与被打招呼人之间的一种交往关系。如果遇到熟人不打招呼或者别人给你打招呼你装作没听见，都是不礼貌行为。打个招呼发生在瞬间，但却影响久远。下面分析几种招呼用语。

"你好？"这句招呼语简洁明了，通用性强，同时又是对他人的一种祝福，因此，这句话常出现在经济发达、不同社会群体交往频繁、而人际关系又比较松散的开放型社会中。特别是在一些城市，随着生活节奏的加快，每个人都来去匆匆，以前那种交谈型的招呼语已经不适用了，彼此见面时一声节奏明快的"你好"，同时伴以微笑、点头等动作便是礼貌之极。所以，这是随时代发展应运而生的新型的招呼语。

此外，在一些特定的场合，如离得比较远不适于讲话，或者是关系比较一般的人之间，只要相互微笑，或者点一下头，也算是一种招呼语了。

2. 告别语

在分别时常用告别语以示礼貌。告别语有以下几种类型：

（1）主客之间的告别语。

客人向主人告别时，常伴以"请回"、"请留步"等语言，主人则以"慢走"、"恕不相送"等语回应。如果客人是远行，可说"祝你一路顺风"、"一路平安"、"代问××好"等告别语。

（2）熟人之间的告别语。

如果两家距离较近，可说"有空再来"、"有时间来坐坐"、"有空来喝茶"等，也可说"代问家人好"以示礼貌。

（3）"再见"。

这是当今比较时兴的告别语，适用于大部分场合的告别。类似的还有"Byebye"、"晚安"等。

3. 请求、道歉、道谢用语

在社会交往中，难免有请人帮忙、麻烦别人或引起别人不快的情况，这就要讲关于请求、道歉、道谢的礼貌用语。

（1）请求。

表示请求的礼貌词使用频率最高的是"请"字。如当主人要客人进门时可单用一个"请"字，要客人入坐时可单用一个"请"字，并且附加一些动作。"请"也可同其他语词同时使用。如"请进"、"请坐"、"请把手放下"等。另外，"麻烦你"、"劳驾"等也往往引导出表示请求的话语。

（2）道歉。

当自己的行动妨碍了别人要用道歉语。"对不起"是比较常用的道歉语。如在公共汽车上踩了别人的脚，无意碰了别人或自己的行为给别人带来了不好的后果，都可以道一句"对不起"。另外，"不好意思"也是比较随便的道歉语，当别人向你真诚地道歉时，你必须有所反应，应该原谅他、安慰他，可说"没关系"、"别介意"、"没什么"等。

（3）道谢。

道谢是对对方的好意或某种高尚的行为的一种回敬，由于对方的好意或得到对方的帮助时，要真诚地说一句"谢谢"，即使只是一件微不足道的事。如在公共汽车上别人给你让了座、别人为你倒了一杯水，应说声"谢谢"。如"谢谢你的帮助"、"谢谢你，这件事多亏了你"等等。当别人向你道谢时，一般可以说"没关系"、"别介意"、"别客气"等，也可以说诸如"这算不了什么，不要太客气了"等。如果听到对方的道谢而毫无反应，也是不礼貌的表现。

四、公关语言艺术

1. 询问

在公关活动中，询问是不可避免的，询问要讲究一点艺术性。

（1）问年龄。

在西方人看来，询问别人的年龄是不礼貌的，他们不希望别人知道自己的真实年龄。然而在中国，却常常询问对方的年龄，一定要注意。

一般说来未成年人都希望自己成熟一点，所以他们希望对方估计自己的年龄时说得大一点。所以可以这样问："看你办事情那么老练，今年有 18 岁吧？"

一个六七岁的孩子，如果问他："今年有 5 岁了吧？"他会很不高兴，他认为自己一定很矮，如果说："今年有 10 岁了吧？"他会很高兴，认为你在夸奖他长得快。

在询问老人的年龄则刚好相反，因为他们都希望自己年轻一些。如果对 60 岁的老人说："你今年 50 刚出头吧？"他会很高兴，但如果问"您今年 60 多岁了吧？"他就会很不乐意。如果实在看不出对方的年龄，也可直接问："您老贵庚？""您高寿？"等。

（2）问姓名。

询问姓名，可以说："贵姓？""请问尊姓大名？"应注意的是，有些人常问"您贵姓？"这是不恰当的，因为"贵"就是对对方尊称，本身就是"您"的意思，所以直接问"贵姓"即可。如果对方自我介绍时没有听清，可以再问一遍，"对不起，刚才没有听清您的大名"。这样，对方会再重复一遍自己的名字。

（3）问职业。

在询问对方职业时，可以问"现在您在何处任职？""您在哪儿工作？"对搞经济的人，也可以问："近来在哪儿发财？"如果不知道对方有无职业，也可以问："最近忙点什么？"这样，可以从谈话中搞清对方的职业。

（4）问文化程度。

在询问对方的文化程度时，一般顺序是从低向高说。假如对方是中专毕业，你开口就问是哪个大学毕业，这样会使对方尴尬，也可以模糊一点问，如："你是哪个学校毕业的？"

（5）问籍贯。

在询问对方籍贯时，一般可以说："您老家是哪儿的？""您府上是在山东吧？"对方一般会很痛快地告诉你他的籍贯，因为每个人对老家都怀有一种特殊的感情。假如对方和你籍贯相同，则可以以"老乡"相称，这样，双方容易产生一种亲近感。

当对方告诉他的籍贯时，你可以提及他那个地方的特产、名胜古迹等。比如对方说老家在山东烟台，可以继续问"是产山东苹果的地方吧？"这种询问会使对方很高兴。

在询问时要注意态度，不要让对方感觉你像是在查户口。当别人询问时，要认真耐心地回答。如果不希望对方知道，可以委婉地避开。

2. 称呼

称呼有称呼对方和称呼自己之分，称呼对方用敬称，称自己用谦称。

（1）敬称。

敬称有以下几种：

①从辈份上尊称对方。例如"叔叔"、"伯伯"、"阿姨"、"哥哥"、"姐姐"等。有时称对方"兄"、"姐"，自己未必比对方年龄小。如对方为女性，且比自己年龄大，可通称为"阿姨、大姐"，这种称呼避免了对方是否结婚的问题。

②称对方的身份时加上"令"、"贤"、"尊"、"高"等字。例如称对方的侄子为"贤侄"、称对方的父亲为"令尊"、"令严"，称对方的母亲为"令慈"，问对方的年龄称"高寿"等。

③以对方的职业相称，如"李老师"、"王大夫"、"张司机"等。

④以对方的职务相称。如"处长"、"校长"、"赵乡长"、"孙经理"等。

⑤以"老"、"大"、"小"等称呼对方。对长辈或比较熟悉的同辈之间，可在姓氏前加"老"。如"老张"、"老李"，亦可在对方职务前加"大"或"老"，如："大作家"、"老经理"等；而在对方姓氏后加"老"则更显尊敬，如"郭老"、"钱老"等；对小于自己的平辈或晚辈可在对方姓氏前加"小"以示亲切，如："小王"、"小贾"等。

⑥直接称呼对方的姓名。一般年纪较大、职务较高、辈份较高的人对年龄较小、职务较低、辈份较低的人可直呼其姓名，也可以不带姓这样会更显得亲切。

（2）谦称。

古时有以下几种，现多已不用。

①用"自己不聪明"的说法来称呼。如"鄙人"等称呼自己。以"愚弟"、"愚兄"等称呼自己的亲属。

②用"辈份低"来称呼。如自称为"小弟"、"小侄"等。

③用"地位不高"的说法来称呼。如自称为"卑职"，称自己的妻子为"内人"，称自己的孩子为"小女"、"犬子"，称自己住处为"寒舍"、"敝宅"等。

五、体态语的运用

体态语属于非言语交往，非言语交往有很重要的作用，充分运用好体态语是更好进行交往必不可少的条件。

1. 面部表情

表情是人心理状态的外在表现，有时能起到言语所起不到的作用，人高兴时，手舞足蹈，喜笑颜开；人忧愁时，横眉紧锁，目光呆滞；发怒时，咬紧牙关，浑身发抖；悲哀时，声音细弱，无精打采；受惊时，目瞪口呆，惊慌失措。展眉表欢欣，皱眉表愁苦，扬眉表得意，竖眉表愤怒，低眉表慈悲等。

"眼睛是心灵的窗口"，人的内心世界有时可以通过眼睛来表达。目光的方向，眼球的转动，眨眼的频率，闭眼的久暂，都表示一种意思，流露一种感情。

比如：正视表示尊重，斜视表示轻蔑，仰视表示思考，俯视表示害羞、胆怯或悔恨。

在交谈过程中，目光自下而上注视对方，一般有询问的意味，表示"我愿意听您的下一句"。目光自上而下注视对方，一般表示"我在注意听您讲话"。头部微微倾斜，目光注视对方，一般表示"噢！原来是这样"。眼睛光彩熠熠，一般表示充满兴趣，而目光东移西转，对方就会感到你心不在焉。

另外，微笑也是一种令人愉悦的表情，是一种含义深广的体态语，在公关活动中有很重要的作用。

2. 身姿动态

手势是表情达意的有效手段，有些时候能比面部表情表达更复杂的意思。

先说手指。翘起大拇指表示"真棒"、"顶呱呱"；将拇指和食指圈成一个"O"型，表示"零"，若同时伸开其他三指，则表示"OK"（好）之意；竖起中指和食指且分开，组成英文字母"V"，表示胜利或和平。

再说手掌。掌心向上是"升起"的意思，掌心向下则意味着"压抑"；掌心外摆，是"厌烦"、"赶人走"；掌心内摆，是"有请"、"过来"之意；

如果双手摊开，掌心下压，表示"请坐"、"请安静"。

最后说手臂。竖起单臂摆动，是向大家打招呼；抱起双臂在胸前是防御；双臂背头，身体后躺在沙发上，是权利和自信的表现。

3. 空间距离

人与人之间有着看不见但实际存在的界限，这就是个人领域的意识。因此根据空间距离，也可以推断出人们之间的交往关系。一般来说，交际中空间距离可以分以下四种：

（1）亲密距离。

亲密距离在45厘米以内，属于私下情境，多用于情侣或夫妻间，也可以用于父母与子女之间或知心朋友间。两位成年男子间一般不采用此距离，但两位女性知己间往往喜欢以这种距离交往。亲密距离属于很敏感的领域，交往时要特别注意，不要轻易地采用亲密距离。

（2）私人距离。

私人距离一般在45～120厘米之间，表现为伸手可以握到对方的手，但不易接触到对方的身体，这一距离对讨论个人问题是很合适的，一般的朋友交谈多采用这一距离。

（3）社交距离。

社交距离大约在120～360厘米之间，属于礼节上较正式的交往关系。办公室里的工作人员多采用这种距离交谈，在小型招待会上，与没有过多交往的人打招呼可采用此距离。

（4）公共距离。

公共距离指大于360厘米的空间距离，一般适用于演讲者与听众，对人们极为生硬的交谈以及非正式的场合。

在公关活动中，根据公关活动的对象和目的，选择和保持合适的距离是极为重要的。

第三节　礼仪交往

礼者敬人也，礼多人不怪。礼仪是在人际交往中，以一定的、约定俗成的程序、方式来表现的律己、敬人的过程。从个人修养的角度来看，礼仪可以说是一个人内在修养和素质的外在表现。从交际的角度来看，礼仪可以说是人际交往中适用的一种艺术，一种交际方式或交际方法，是人际交往中约定俗成的示人以尊重、友好的习惯做法。从传播的角度来看，礼仪可以说是在人际交往中进行相互沟通的技巧。学习礼仪交往对学生来说非常重要，是学生学习做人的第一步。

一、拜访礼仪

作为一名公关人员拜访是必不可少的，拜访中要注意礼仪。

1. 拜访别人时，应事先打声招呼

可以打电话联系："因为有某事想到贵处打扰，我打算某日某时去拜访，不知是否方便?"以防扑空或打乱对方的正常安排。同时应注意拜访时间，尽量避免午睡时间或吃饭时间，也不应在深夜、清晨拜访人家。拜访时，要注意仪容整洁，服装大方，以示对朋友的尊重。注意仪表，也并不意味着用过多的精力去修饰打扮，更不是要穿奇装异服。

2. 到达主人门前时，要先按门铃或敲门，待到主人开门后再进

敲门时要轻，不要用拳擂门或用脚踢门，若对方家门未锁，也不可径直开启大门，应在门口张扬，待对方允许后再进去。若开门人你不认识，应做自我介绍。

3. 进门后，要将外套、帽子脱下

若主人没有准备衣帽架、就应叠好，整齐地放在合适的地方或交给主人。若主人家是地板或铺有地毯，则应换上拖鞋。如果只是在门口讨论一些事情，则不必那么讲究。

4. 进屋后，要先向长者、熟人或其他客人打招呼，等主人安排座位后就坐

主人端茶点烟，应起身道谢，并双手接过，不要不接主人的烟而拿出自己的烟抽。抽烟时，烟灰要弹在烟灰缸内，不能随地乱弹。若主人不抽烟或主人未备烟灰缸，则最好不要抽烟。

5. 拜访期间，不管主人在不在，都不要随便翻动主人的东西

拜访的时间不宜过长，临走时要向主人道谢，如果带有礼物，可以在进门时交给主人，也可在告辞时请主人收下。已经约定的拜访因意外不能赴约，要事先通知对方，以免对方久等；无法通知时，事后应说明情况，避免引起误会。一般说来，凡是约定了时间，无其他要事，都应严格遵守，并应提前几分钟到达，以免失信。

二、探病礼仪

当熟人或挚友生病时，要及时去医院看望他们，这是人之常情，也是公关活动之必需。

1. 注意谈话内容

在探病时，要注意交谈的内容，人在生病时，往往思想紊乱，情绪波动，有些人还会顾虑重生，所以探病应了解病人的心理，要尽量安慰病人。可以介绍一些经治疗而很快恢复健康的病例，以解除病人的疑虑。也可以谈一些病室外的新鲜事，讲一些生动有趣的新闻，病人所熟悉的一些人的新变化等。因为久居病房，这些新消息正是他所渴望听到的。同时要注意病人的忌讳，如对吃不下饭的病人最好不要问他饭量如何。一般来说，患了绝症的病人，家属不会把真实情况告诉他，同病人交谈时要注意这一点。

2. 注意谈话气氛

在探病时，要注意气氛，不可在病房内大声喧哗、吸烟。同病人交谈时亦不可神情沉重，对待病人的态度要和蔼可亲。

3. 在探病时，要注意所带的礼物

礼物不在轻重，而要以尽快使病人恢复健康为原则，它可以是一束鲜花，甚至是一本杂志。给病人的食品要根据病情而定，如探望患糖尿病的人可带点豆制品，也可适当带些肉松、鸡蛋、牛奶等制品；探望血脂过高或动脉硬化症的病人，可送些含维生素丰富的食物，像新鲜水果、麦乳精等；探望慢性便秘的人，可拿些蜂蜜、水果之类的食品等。

4. 在探病时，要注意探望的时间

如果病人刚做完手术，身体很虚弱，则尽量不要前去探望，因为这样会增加病人的负担。病人休息时不要去探病。另外注意探病的时间不宜太长，以免有碍病人的身体康复。

三、打电话礼仪

随着我国经济的快速发展，人民生活水平的不断提高，市场经济的信息量猛增，竞争也越来越激烈，人们的生活节奏加快，电话已经进入千家万户。充分利用这个现代化的通讯设备，对发展经济，提高人们的生活质量都有极大的好处，所以应该人人学会熟练地使用电话，有礼貌地、文明地通过电话与各方面的人士取得联系，这就需要了解一般性打电话的礼仪知识和规矩。

1. 想好说话的内容

给某人打电话时，要事前做好准备，想好要说的事情。比如要谈一笔生意，从何处说起，用什么方式交谈，说到什么程度，还要估计对方的情况，考虑好应变的方法等，这样才能用尽可能短的时间达到预期目的，而不浪费对方的时间。

2. 要面带表情

在电话里说话和平时说话没有什么不同，就一般的电话设施来说，虽然打电话双方只能听到声音，而看不见形象，但是双方都能感觉得到，所以，打电话时，也要面带笑容，语气要温和、缓慢，口齿要清楚，语言要简洁，第一句话要说"您好"，紧接着进入正题。如果是代表单位或公司打电话，就要说明白领导的意图和目的，或者厂长、经理、主任、书记有什么具体要求、希望。最后要把重要内容确认一下，或者必要时录下音来，然后再结束通话。

3. 对电话也要礼貌

持电话时要轻，一般情况下要等对方先放下电话机后，你再轻轻挂断电话。特别是与长辈、领导、女士通话后，一定要等他们挂断电话后，你再轻轻放下话筒。

4. 询问要客气

接电话时，要用温柔的语调先说"您好"，再问是哪位？找谁？或某单位？如果被找的人正巧不在，就说明情况，问一下有什么重要事情，要不要传达或留一字条等。

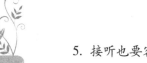

5. 接听也要客气

一般情况下，电话铃响三遍后立即接通，且在铃响的间隙拿起话筒。如果电话铃响了好几遍之后接通时，就要先说"久等了"、"对不起"之类的抱歉话。如果在接电话的过程中，有紧急事情插入时，要向对方说："对不起！稍等"，然后可以用手按住话筒，以免传到对方那里。

6. 通话也要客气

电话不清楚时，不要大声吼叫，要把说话的速度放慢，口齿再清晰些。有些人打电话时，出现听不清楚或者有杂音时，就用手使劲拍打电话机，这个做法和习惯不好，如果电话机有毛病时，可以立即修理，等故障排除以后再打。通话结束时都要说"再见"、"谢谢"之类的礼貌语。

四、书信礼仪

1. 注意书写格式

要按照书信规格写信，即抬头要顶格写尊称，另起一行空两格写问候语，下面一段才是正文，正文写完后，要写上期望或祝贺的话语，最后才是写信人的落款和时间。有些人写信易忘记写时间，这是不应该疏忽的。

如果信写完以后又想起了什么事需要写在信里去的话，就在信的最后加一个附言，把要补充的话写上去。外文书信与中文书信的内容要求是完全一样的，格式上有所不同。如果要用外文写信，就要根据该国文字的常规要求和书信规格进行书写，不要随心所欲。

2. 内容要完整

一般书信内容要求把想要说的事情说清楚，把要想说的话都写上就可以了，只要收信人能读懂你写的全部意思就算达到了目的。如果是商务往来和其他经济业务性质的书信，在内容的叙述上就要讲究一些，把重要的因素必须全部包括在内容中，不得遗漏。

3. 言辞要得当

如果是传达信息、联络感情等方面的书信，要做到及时、准确，感情表露要恰当，遣词造句要和缓，字要书写工整，不要出现错别字，以及造成收信人的误解和不悦。

4. 忌用红笔或铅笔

写信时禁忌用红笔或铅笔，私人的书信最好不用打印的字，如果是公函可以打印，但是末尾的签字必须用手亲笔书写。

5. 信封要密封

信不能开着口子发出去，如果是请人代信的话，就要开着口子当面交给代信人，以示信任。如果别人让你代信时，就要当面把开口信封好，以表示谨慎、认真。

6. 认真检查

信写完以后，一定要检查一下，至少阅读一遍，看看有无遗漏、错别字等，如果有，就要纠正过来。遗漏的意思和话写在附语里，附语写多少都无关紧要。还有一点要特别注意，即在同时写几封信时，就要把信封和信纸（内容）一定弄正确，不要张冠李戴，把给老王的信寄给老张，而把老张的信又寄给老王，一错就必然是两个同时错，在现实生活里经常出现这样的马虎事，关键还是没有足够的警惕，注意不够所致。

7. 信封称呼

关于信封的书写，传统礼仪中收信人的名字后面要写"同志"，因为这不仅是给邮递员看的。但是在现实生活里，人们不大愿意接受，尤其是给领导、长辈写信时，名字后面写"同志"二字感到难下笔。主张从礼仪的原则出发，应该灵活机动，不必强求一律。

六、日常交友礼仪

俗话说，瞎子还有个跛朋友。人人都有相好的人，不过有的人多些，有的人少些，而交友的情况又是千差万别的，不过还是可以找到一些共同规律的。这里我们从礼仪的角度谈谈日常人际交往的方法和艺术。

1. 从思想上重视人际关系

有人说，头几年的工作是为事业成功打基础的阶段，这个基础就是建立自己的信誉和良好的人际关系，做到工作认真负责，能拿得起，能放得下，获得上司的信赖和群众的认可。人际关系在东方文化环境中表现得十分重要和突出，搞好了就大大有助于事业的成功。

155

2. 关心自己周围的人

包括自己的家人、亲戚、朋友、同事、同学等。要主动关心、主动帮助，有些还需要主动体贴关照。这样就可以形成良好人际关系的氛围，使你周围的人时刻在关怀着你，指导着你，这就会使你感到前进有方向，工作有劲头。

3. 时刻牢记别人对自己的恩典

我们常说滴水之恩，当涌泉相报，在人际关系中，这一点要大力提倡，在礼仪修养中也是要必须遵守的。人生活在社会中，每一个人都时刻处在人际关系的包围之中，人们相互间以德报德，以恩报恩，关系必然是融洽的；如果人们相互间总是以怨报怨，以牙还牙，必然弄得人心四散，鸡犬不宁，还哪有心思搞工作，搞事业！

4. 求人帮忙时，要选好时机

当别人心情好、方便、闲暇时提出要求，如实说明情况，态度要谦和、礼貌，语言要恰当、周全，不要给别人造成麻烦，更不能使别人冒什么风险。如果条件不具备，没能帮上忙，也要理解别人，说些理解的话、礼貌的话，化解别人的失落感，等以后条件具备时再帮忙。

5. 当别人求助时，要热情对待

在具体做法上，应该了解清楚有关的情况以后再做决定，不要大包大揽，更不能违法乱纪，损公肥私，毁坏自己的形象。如果真实情况了解以后，有条件帮助，也不一定能帮成，所以说话时要留有余地，以免万一帮不成时，失了自己的面子，也失去别人对你的信任。如果条件不具备，就要如实说明白，只要是有诚实的心情和符合事实的言词，会取得别人的谅解和理解的，当然也需要表示出自己的歉意。

6. 讲诚信

对于较熟悉的人和交往较频繁的人要十分注意自己的信誉，说话算数，办事可靠，答应了的事情就要认真办好，办不好的事情要如实说明情况。好友帮的忙要时刻记在心上，并表示感谢，以后有机会时再图回报。经常沟通感情，节假日互送纪念卡、贺卡等。

7. 适当距离能保护友情

每个人都是一个相对独立的个体，所以，再亲密的朋友也要相对保持一定的距离。这里所说的保持距离，不是说思想感情、理论认识、对某些事物的态度等，而是说在个人生活方面。事实上，没有完全一样的两个人，不论是个人爱好、秉性、品格、情操，还是家庭教育、为人处事等差异的存在总是绝对的，所以，从一定的意义上来说，能在某些方面保持一定的距离，防止相互影响，友好关系才能长久维持。

8. 择良友，拒损友

与什么人相好，与什么人交朋友，要进行十分认真的选择，尤其是年纪轻、阅历浅的人更要十分注意。古语说："近墨者黑，近朱者赤。"农村还有一句更通俗易懂的话是说："跟上好人学好人，跟上巫婆跳家神。"孔子也曾经说过"益者三友，损者三友"的道理。人是具有社会性的，什么样的环境，什么样的社会氛围，造成什么样的人。所以，俗话说："学好三年，学坏三天。"当然这是针对教育小孩子说的，但是也适合于用在重视人际交往和选择朋友的问题上。

9. 赞赏与鼓励

好友之间要真诚赞美优点，欣赏特长，相互学习，取长补短，共同进步。对于缺点要相互容忍，主动克服，求大同存小异。

10. 热情、真诚、谨慎

不论是对什么人，初次认识，既要热情、真诚，也要谨慎。人总是需要有个相互了解的过程，相互了解的过程也就是建立感情的过程，了解得越深，基础就越好。

要真正了解一个人不是一件简单的事情，需要较长的时间，切不可轻信花言巧语。不是有一句古话叫"路遥知马力，日久见人心"吗，这是千真万确的。

了解一个人除了需要较长时间之外，还要看他的行动。看行动不是看一两次行动，而是要看一贯的行动和实际表现，一贯的言行是否一致。历史和实践归根到底是检验事物的试金石。

第五章 礼仪误区与测试

　　礼仪可以说是一个人内在修养和素质的外在表现；从交际的角度来看，礼仪可以说是人际交往中适用的一种艺术，一种交际方式或交际方法，是人际交往中约定俗成的示人以尊重、友好的习惯做法；从传播的角度来看，礼仪可以说是在人际交往中进行相互沟通的技巧，正确把握与外界的人的交往尺度，合理地处理好人与人的关系。

　　如果没有这些礼仪规范，人们往往在交往中会感到手足无措，乃至失礼于人，闹出笑话，所以熟悉和掌握礼仪，就可以做到触类旁通，待人接物恰到好处。

第一节　人际交往的误区与指导

　　在日常人际交往中，我们经常发现一些人出现错误的礼仪行为，因而使人产生误解，破坏了和谐的人际关系。因此，了解人际交往的误区，有助于我们避免不必要的误解，建立良好的人际关系。

一、与同学交往的误区

1. 一味地附和别人、追随他人，失去个性

　　"个性"这个词，在生活中是极有魅力的。可以说：个性的存在，才表明你的存在。我们知道，世上所有的事物从来都是各不相同的，我们找不到两片完全一样的叶子，两朵形态完全一样的云，更找不到两滴全然相同

的水珠……世界正是以它那丰富多变、各式各样的面目显示着它的无比奥妙。作为主宰世界的人，当然也就没有必要把本来就一人一样的个性隐藏起来或者强行变异。

当然，保持个性并不意味着一切与人家截然相反：别人睡觉，我偏起床；人家要安静地看电视，我却硬要在那里唱歌……因为"个性"是否合理，并不在于它是否逆潮流，而只在于它是否有利于社会及自身的进步。把球踢进自己一方的球门，不是我们说的个性；而当好"二传"，以便有利于"郎平们"的"扣杀"，倒是值得保持的"个性"。

"可保持个性有时会与同学们的友情发生冲突呀！"有同学这样说。友情的价值在于互不伤害各自的创造性。靠双方掩饰自己而保持一团和气的友情，对双方都是有害的。合而不同，双方都保持个性，才能越发相互信赖、相互尊重，建立真正的友情。当然，在某些特殊场合，为了帮助朋友，也需要损伤甚至牺牲自己，但这毕竟是在"万一"的时刻。平时，友情的基础应是双方都不歪曲自己而生活，并保持良好的关系。

明白了这些，我们就再也不必为如何迎合、附和大伙儿而绞尽脑汁，更不用为由于自己独特的性格、脾气遭到别人非议而苦恼。因为你就是你。"你是独一无二的！"同学，记住，这才是最大的赞美。

2. 在胜过自己的同学面前颇不自在，或嫉妒，或自卑，或麻木

（1）嫉妒是蚕食人们心灵的毒蛇。

俄国诗人普希金说过："嫉妒的发作，就好像黑死症、忧郁症、发怒或者神经紊乱一样，实在是一种病。"嫉妒往往是人们在共同事业中进行有效合作的一大障碍。在一个共同学习的集体中，嫉妒心是产生巨大的离心力的毒剂。

对于别人而言，嫉妒是影响他们发展的阻力；对于嫉妒者自身而言，它使自己学业上不能有再进一步的成绩。可见，对于胜过自己的同学如果产生嫉妒心的话，对人对己都是十分有害的，而最终受害的还是嫉妒者自己。

（2）自卑同样是成功的大敌。

有的同学只看到别人胜过了自己，别人比自己强，于是就消极沉闷，提不起学习的劲头，老是念叨自己就是这么块料，整日自惭形秽，甚至埋

怨自己"朽木不可雕也"。这种精神状态万万要不得。

再说一个人的能力是多方面的，也许你在某一方面比那个同学要差，而在另一方面就可能比他强；也不说你对自己的认识是否错误，有没有采取正确的方法开掘自己的巨大潜力，即便你真的有好多方面比不过有的同学，也不应该自暴自弃，萎靡不振，而应该奋发努力，以勤补拙，迎头赶上。

著名电影演员张瑜赴美留学之初，还没有过语言关，其他基础课程的学习也有困难，许多美国同学不知要胜过她多少，但她以"从零开始，不！从负数开始"的精神，踏踏实实刻苦学习，终于成了加州州立大学电影、电视、广播管理系的合格学生，并立志攻读硕士学位。可见，摆脱自卑才能振奋起来，取得长足的进步。

（3）麻木，更是一种糟糕的心理状态。

它源于自卑，又不同于自卑。有这种心理的人常常口口声声说："我已经无所谓了。"这比自卑更可怕，因为一个人麻木以后，往往抱着一种彻底的不求上进的态度。不根除这种可怕的病态心理，一个人的成绩、进步无从谈起。遇到这样的同学，老师、家长、同学有时倒应该对他大喝一声，让他猛醒，并给他更多的关心与激励。

实际上，胜过自己的同学是自己不断进步的最好推动力。在这样的同学面前，我们应该真诚地向他们学习，清醒地看到自己的不足，进而急起直追，并努力超过他们，从而引导自己走向一个又一个的高峰。从某个领域、某个范围来说，经过努力，"我"一定会超过"他"，但"天外有天，山外有山"，所以"我"应该进行不懈的努力。

3. 男女同学交往的误区

女同学与男同学相处，或把男同学看成仇敌，保持"冷战"，或过分亲密超越界线。男同学有着许多令女同学羡慕的特点，如开朗大度，不斤斤计较；豪爽实在，不搬弄是非；热情大方，不小家子气……而这些又正是女同学交往中常感欠缺的，因此，女同学完全没有必要对男同学人为地筑上一堵"隔离墙"，正常的相处没有坏处，只有益处。

与男同学相处，首先是别老记着"他们是男的"，而要想到他们只是同学。于是，一切可与别人谈的，尽可以同他们谈，如刘晓庆的演技；马拉多纳的球艺；波黑内战；时装表演；还有宇宙天体的新发现……谈笑自如，谈吐自然，也可以一起活动，你帮我助，打球、赛歌，听一次音乐会，或者做一次郊游，与他们同排一个节目，共商如何演讲，也可以为了一道题，同他们争论不休；也可以为了一篇文章，与他们切磋再三。同学嘛，本来就该这样正常相处。

其次，与男同学相处，有时又不能忘了"自己是女的"。那些只可在同性朋友中说的悄悄话，做的特殊事，当然应对他们回避；也不要把接触面围得太小，专与几个甚至一个男生相处。与他们只是同学、朋友，而非恋人（校纪法规明文规定，我们起码得自觉遵守），因而，需要有意识地防止坠入"情网"。诚然，友情与爱情，虽仅是一字之差，但却是不容混同的。

4. 拒绝拉帮结派

在校内拉帮结派，搞"校园三结义"，分不清集体主义与帮派思想，革命英雄主义与哥儿们义气之间的界线，陷入危险的误区。据报载，1994年夏天，福建某县曾发生一起5名高三学生因屡试不第，不满现实，而集体自杀（未遂）的事件。据了解，这几名同学特别喜爱一起看录像、抽烟、打麻将，他们的行为完全是受武打枪杀暴力等的影响。

此外，团伙现象历来是学生之间打架斗殴的根源。某校初三学生王某在放学途中，由于车速过快、刹车不灵而与外校一名学生李某撞车，虽然双方车人都无损伤，但因撞车责任纠纷，两人各纠集一伙人斗殴，双方大打出手，结果酿成2死8伤的恶性案件。

可见，学生之间拉帮结派，为非作歹，害人毁己，危害重大。青少年正值青春躁动期，精力充沛，易受外界事物的刺激和影响，好冲动，好表现自己，如果没能把旺盛的精力用在学习上，过剩的精力没能分散在健康的兴趣与爱好中，就会觉得生活单调、精神空虚、无所事事。于是在充斥着暴力武打枪杀色情等不良影视作品的影响下，很容易盲目模仿以致走上拉帮结派的道路，以寻求刺激和发泄过剩精力。

那么我们学生怎样避免误入团伙，走上歧途呢？

首先，要掌握起码的法律常识，明白什么事做了违法，什么事绝对不能做。

其次，通过参加学校各类活动，树立集体主义观念和集体荣誉感，在丰富多彩的校园生活中展示和表现自己，充分享受学校生活的乐趣；如果遇到不顺心的事，可及时向同学、老师和家长或亲友倾诉，及时得以排解。

总之，校园团伙现象的形成和根除决不是一朝一夕的事情，需要学校、家庭和社会三者的紧密配合和共同努力，但最关键的是我们同学每个人都应保持清醒头脑，提高辨别是非的能力，避免陷入危险的误区。

二、与学校老师的交往误区

1. 女中学生与年轻男教师之间的交往

女中学生正处在性觉醒期。法国启蒙主义思想家卢梭称这个年龄是"激动和热情时期"。因此，性的觉醒和感情上的渴求，使女学生不断地萌生出玫瑰色的诗情画意。与此同时，年轻的男教师以"成熟"的形象唤起女学生的注意。

由于教师角色本身的尊严，教师工作所必需的学识和才能，年轻的男教师很容易成为女学生心目中的偶像；同时年轻男教师由于内在的青春气息，更容易成为女学生寄托朦胧恋情的"神龛"。

如果年轻男教师不注重职业道德，或粗鲁大意，或柔情绵绵，就会产生多种传闻、误会，或者师生之恋。因此，有人就把女中学生和年轻男教师的相处比喻为"浪漫的陷阱"，借以提醒世人，尤其是妙龄少女。

但是，这种比喻是不妥的。事实上，女中学生和异性教师之间所谓的"桃色事件"是极少极少的，绝大多数的男女师生关系是正常的、是健康的。人和动物的本质区别之一，在于人的社会性，人不只是像动物一样接受本能的冲动，听从本能的召唤，人更多的是取社会道德规范为行为之准绳。

然而，也应该看到女学生和年轻男教师之间的关系是特殊的，导致这种特殊性的根源是"青春"。叔本华曾说过："吸引异性的首要条件是健康、力和美，也就是说恋爱的本钱是青春。"女中学生和年轻男教师都是具有这种"本钱"的，而且非常"富有"，稍有不慎，就会误入歧途，因此，我们说这类师生关系是特殊的。

导致特殊性的另一个原因是女中学生方面。女中学生正值生理上的巨大变化时期，这种变化几乎必然地伴随着怀春的汹涌。大多数女孩都有这类体验。在与年轻男教师的交往过程中，一些"怀春"的多情少女往往一厢情愿地连连发射"丘比特之箭"，并因此而坠入失恋的无边苦海，导致了多种"不该发生的故事"。

上述特殊性就需要师生双方都能正确对待，树立起正确的人生观和爱情观；同时，师生双方都要正视青春期少女的种种身心变化特点，教师要因势利导，学生要始终保持清醒的头脑。此外，在学校里开展性教育，提高女中学生自我认识能力以及自我保护能力。

2. 老师错怪自己时，应采取的态度

人人都有受委屈的时候。学生难免被老师错怪，碰到这种情况怎么办呢？不妨先让自己冷静下来，采取沉默态度，但这不同于逆来顺受。经过思考，觉得有些错怪无碍老师对你的本质估价，大可以豁达一些，有则改之，无则加勉。

把批评当一声警钟，一种借鉴。比如：某同学工作一向认真，每当轮到他做值日生总要关好门窗才走。一天夜里，由于门窗的插销坏了，被风刮碎了一块玻璃。第二天老师批评他工作未做好。这位同学没有吭声，又去仔细看了一下门窗，发现了门窗插销的问题，一声不响地把插销修好了。

后来在周记本上写道："我在关门窗时，没有注意看看门窗是否损坏，可见态度确实不够认真。"这种退一步告诫自己的做法，是完善自我素养的美德。叙述真相，解释原因，消除误会也是正确的态度。

要想当场解决，可以在尊重师长的前题下，以正当方式婉言解释，不要采用争辩的方法。考试测验时，后面的同学要你传递答案，你被他催得不耐烦了，为了断绝后面同学的邪念，你回头说了声："我不能做对不起大家的事。"

如老师听不清话语，可能认为你在作弊，这时你可以举手示意老师走近课桌边，小声解释。当然叙述真相，采用事后说的方式更好。事后师生都有了反省的时间，你也冷静下来，你的解释更易于被老师接受。至于你的面子问题，可以相信错怪你的老师会在以后给你正名的。

老师认识上的错误，一种是临时错觉造成的，另一种可能是长期偏见造成的。如果是后者，你就得认真想一想造成别人偏见的原因，努力纠正自身的不是。

　　某班有三个学生没有交作业，都是因为忘了带作业本，老师听了三人的解释后，只是对 A 同学说："你是没有做，还是真的没有带来？"

　　因为 A 同学已是第五次未交作业本了，A 同学一气之下奔回家取来了作业本。老师没有一点不快，反而显得很高兴："我错怪 A 了，在这种问题上，宁可是老师错了，也希望学生是对的。"

　　A 同学后来在学期总结时，写道："由于前四次，我都未做作业，老师当然有理由怀疑我，这次小风波其实是我自己引起的。"

　　有志者在别人错怪时，不会考虑一时的面子，相反会通过发奋的努力和实践来证明自己的正确。不过做学生的，一定要分清什么是错怪，不要由于自己的任性、自尊而视他人的正确意见为错误。

三、与家庭成员的交往的误区及指导

1. 代沟问题

　　中学生因为与父母看法不一致而导致矛盾、争吵，甚至出走。有人说中学生与父母两代人之间存在着无形的代沟，更有人说这无形的代沟是难以逾越的鸿沟。其实，这所谓的"代沟"即使存在，我们也可以齐心协力动手来填平它，或者架上来往的桥梁。那么，与父母看法不一致时，我们该如何办呢？

　　要别人理解，首先要理解别人。作为子女，要得到父母的理解，首先要理解父母。比如：许多父母对子女晚上外出，总不放心；有的父母干脆一直坐等子女回家。子女回家后还要盘问一番，唠叨几句。对此，有些子女觉得父母管得太宽，认为干涉了自己的自由。他们难道就不想想父母这样做，究竟为了什么？

　　如果能理解到父母这样做的出发点是为自己，能理解到父母的一片赤诚的爱心，那么，也就可以心平气和地对待父母了，即使父母多问了几句，多说了几句，也就不会耿耿于怀了。再说，扪心自问，自己又有多少社会经验？父母毕竟是长辈，他们的社会经验比自己要丰富，他们的许多提醒也不是毫无道理的。

　　其次，要很好地分析一下，如自己与父母的分歧是非原则性的，大可不必计较。记得某报一次登了一篇女中学生的文章，文中说道，一个下雨天，别的父母都去接自己的孩子。唯独她的父母没有去，于是她"第一次知道了什么叫孤独"，因而与父母有了隔阂。有位老同志对此说得好："一个孩子从襁褓到成人，做父母的做了多少事，一次下雨没送伞算个什么，千万次温暖都不算，一次未送伞即'种下了隔阂的种子'，这样的神经质应该批评。"

再说，送不送伞完全是个小问题，非原则性问题，为什么要看得那么重呢？再次，有时候与父母的分歧确实带有原则性，并且自己确实也是正确的，那该怎么办呢？我们认为也可以妥善地处理好。一般的做法可以坐下来推心置腹地与父母交换看法，可以诚恳而耐心地陈述自己的想法。如果双方争执不下，切忌粗暴地给长辈乱扣"帽子"，不妨先冷一冷，让父母有个思考的过程。人的情绪是可以转变和化解的，精诚所至，金石为开。相信父母最终会接受你的意见的。

2. 做一个理性的劝架者

父母与邻居闹矛盾时，或站在父母一边，或站在邻居一边，或持不介入的态度。这样做，都不能解决矛盾。人们常说，牙齿与舌头也免不了要打架。邻里之间，朝夕相处，无论关系怎么融洽，有矛盾也是难免的。例如，中学生张三一家与隔壁李叔叔关系还可以。一天，张三放学回家，看见父母正与李叔叔一家争得厉害，真有点要动手的架势。父母看见张三来了，似乎增加了一个帮手，争吵声调更高了。

可张三呢，没有加入到吵架的"二重奏"中，他先把父母劝回屋里，接着又把李叔叔他们也劝回去。等父母的气消了一些后，张三才问起闹矛盾的原因，原来是一点点芝麻般大的事情：李叔叔家后门口，雨天常进水，他在门口垫了点土，结果水流到了张三家后门口，张三父母骂李叔叔"损人利己"，于是也把自家门口垫得更高……

张三了解真情后，向父母谈了三点：李叔叔家进水是个问题，应该解决；现在这样做，不是解决的好办法，两家人商量个办法，一起解决问题；李叔叔曾经帮过我们不少忙，不能事情过了，就忘记好处。

经张三这么一分析，父母的气消了。接着张三又去与李叔叔商量，李叔叔也意识到刚才的做法欠妥。于是两家一起开了条阴沟，积水问题解决了，两家人关系更亲密了。

可见，当父母与邻居闹矛盾时，像张三这样，并不急于当场弄个水落石出，而是先让矛盾"冷一冷"，事后再弄清真相，做双方工作，特别要开导自己父母，多想邻居的长处，主动帮助父母沟通与邻居的感情。这是当父母与邻居闹矛盾时，你所应采取的最妥当的办法。

四、与社会交往的误区指导

1. 中学生在公共剧场应有的修养

首先，应准时到达，如万不得已而迟到了，应跟随服务员悄悄进场，并且放低姿势，以免挡住其他观众的视线；对同排为你让路的观众，应轻声表示抱歉或感谢。

其次，进场要衣着整洁；场内不吸烟，不吃带响的食品，不乱丢果皮屑，不随地吐痰，以保持场内卫生。观看时，应主动摘去帽子，不影响后面观众观看；坐姿要稳定，不摇晃，不把脚踩在前排椅席上，不然，不仅会弄脏椅子或前排观众的衣裤，而且这种坐相本身也不够文明。

有些中学生在观看影剧和欣赏音乐会时，不注意保持安静，他们不是一时兴起跟着附唱，或附着节奏打拍子，说笑如常，就是充当"义务解说员"。这类坏习惯不仅影响了其他观众的观赏，而且也破坏了艺术观赏情趣。在影剧场，咳嗽，打喷嚏时应尽量压低声音，并用手帕等遮住鼻口。

对演员的劳动要尊重，节目演完应鼓掌表示感谢；对演员的偶尔失误，应取谅解的态度，不喝倒彩，不起哄，不吹口哨，不发嘘声怪声，不做有辱演员人格的事；对演得好的演员，可请他们"再来一个"，但应考虑到演员的体力和演出时间的限制，不应一再要求加演。演出结束时，应等演员谢幕后再离场；谢幕时，不拥挤，不围观。

在影剧场，不随便中途退场；如非走不可，可尽量在幕间轻轻离去，不要碰椅发出声响，不要站在过道上或堵住门口。

总之，在影剧场，要做到以其他观众为重，以演员、工作人员为重，注意文明，注意修养。

2. 怎样做到文明购物

每个人都要购买物品。每个人一生中的购买活动数以万计。文明购物，可以免却人生中的许多苦恼，平添无穷的乐趣。首先，不卑不亢是文明购物的首要要求。顾客太谦卑则未免渺小，使人嫌怜；过分傲人，又会引起售货员的反感。所以，购买时要保持常态。

在购买时，意要诚。自己还拿不定主意时最好不要先开口，而是认真思忖一下。很多购物场中的纠纷就是因为顾客"意不诚"，售货员忙碌了半天，而顾客突然变卦不买了。此外，言要善，多使用一些礼貌语言，像"劳驾"、"请"、"谢谢"等，以尊重售货员的劳动，同时也改善彼此的情感关系，使购物活动演变成情感交流活动。

衣着整洁往往有助于售货员对你形成良好的印象。许多人穿着污迹斑斑的工装，或穿着汗背心去购物，常使人产生一种不愉快的感觉。

此外，文明购物也有其他一些要求，如不争先恐后，不要对售货员的工作过分挑剔，不要因商品非质量方面的不足而责怪售货员，在等待购买时不要用指头敲柜台板（这是不耐烦的无意识表现），不要把钱款掷在柜台上而要直接交到售货员手中，不要开过分的玩笑或大声喧闹，等等。

五、和谐人际关系的建立

广大中学生，虽然还在学校学习，但仍然置身于各种各样的关系网络之中。在家里，我们要处理好与父母、与邻居的关系；在学校里，则要处理好与老师、同学的关系；此外，我们还得在社会上活动，还要处理好与各种人的关系。将来，进一步涉足社会以后，交际面将更为广泛；而随着社会的发展，人际交往将越来越频繁，人际关系也越来越复杂。从这一点出发，我们粗知一些社交艺术，学会一些和谐人际关系的方法，是很有必要的。

交往能使人产生快感的交往，叫做"有效交往"。人们彼此的交往，不能没有一定的"数量"，但更关键的还要看"质量"，要看交往能给双方带来什么。有的人同别人的交往并不少，但相互关系平平，甚至是不佳，这大多是由于交往的有效性不够。例如，有的人好做锦上添花的事情，而不善于雪中送炭；有的人与别人讲话随心所欲，常使对方难堪，或冒犯、伤害人还不自察；诸如此类的交往都属不和谐的交往。

同样的交往方式，在不同的条件下，也会产生不同的效果。朋友之间无拘束的谈话，这是彼此赤诚相见的表现，有利于友谊的深化；可是在交往水平较低甚至彼此有隔阂的人们之间，讲话直来直去，往往会使人误解。

一个人身处逆境时，你伸出援助之手，即使只是一句宽慰的话，对方也可能铭记恒久，引你为患难知己；反之，当一个人正"春风得意"时，你一再地"添花"，他却未必会引你为挚友。人际交往应视条件、情况的不同而注意分寸与适度。

1. 交往品质

生活中，谁都愿意和热情、真诚的人交往，而同自私、虚伪的人则大多保持一段距离。这不是偶然的。

人们在交往中，往往有感情倾诉和心灵共鸣的需要，它们的满足在很大程度上取决于彼此的真诚与否。再者，人的自尊心在交往过程中也是显著的参与因素，而人的互相尊重也是以感情的真实所产生的信任为基础的。除了真诚以外，以下所述的也都是良好的交往品质，具备了它们，就会成为人际交往中令人喜欢的人，就更易于与人沟通，获得友谊，在生活中享受到充分的乐趣。

可爱的性格，能使人觉得亲切。而乐观无疑是一种可爱的性格。西方谚语说："悲观者在每个机会中都看到困难，乐观者则在每个困难中都看到机会。"乐观者以其生活的信念和热情感染人、鼓舞人，他就会对别人具有一种吸引力。而乐观者的开朗、活泼和幽默感，也是他性格中的得天独厚之处，因为这种可爱的性格洋溢着一种令人怡悦的情趣。

宽厚与随和，具有一种雍容的气度。有这种气度的人，善于理解人和体谅人；他不因偏执而拒人千里之外，但也不是无视是非而充当"好好先生"；他以明达和气度接纳别人，别人也会感于他的气度而生亲近之心。乐于助人的人，大都能获得良好的效应，因为不仅他的实际行动使人得益，而且这种品格也会唤起人们心中美好的情感。

当然，乐于助人须出于自然，而且应是事属必要；倘若过分卖力讨好，曲意奉迎，那么，其效果就适得其反。前者能使人喜欢并且得到尊重，而后者在受人利用之后却反而会遭到轻视。

有鲜明个性的人，往往能引人注目，——"瞧，这个人多有个性！"而平庸的人，几乎没人注意，是很难受人喜爱的。但是，展示自己的个性，不能没有自知之明，在人际交往中，俨然以"自我"为中心，放纵个性的"野马"，轻易地冒犯、伤害他人，只会招人厌恶和离弃。因此，对个性强的人来说，很需要学会谦逊。"受人喜爱者对他们自己或他们的工作都不会太夸耀"。这条箴言，虽然朴素却很有益。

修养和礼仪，给予他人的印象，同样不可等闲视之。言语举止得体适度，能使别人看上去觉得舒服，这也就在人际交往中先得一筹了。而缺乏修养和不识礼仪，言行粗俗或轻浮的人，一般来说总有损于形象，从而也招人鄙夷和厌恶。毋庸置疑，学会必要的交往礼仪和待人接物的方法，显然是必不可少的。由表及里，进而陶冶气质，使风度优雅，那就更会人见人喜了。

值得强调的是，要真正受人喜欢而且经久不衰，绝对少不了真诚。虚情假意，矫揉造作，固然也能取悦于人一时，但一旦被人察觉，那搏得的欢心便会随之而荡然无存。如果谁要是把"如何使别人喜欢"理解为掩饰自我，假装巧饰，那就南辕北辙了。人们交往中，只有多加一些良好的交往品质，竭力减掉虚伪、自私、冷漠之类不良的交往品质，才能使交往臻于佳境。

2. 交往需要度

交往是每个人都需要的，但是需要的程度并非一成不变，而往往是因人因时因地而异。

交往的需要度不仅影响着人际交往的主动性，也影响着交往水平。交往的需要度越大，交往的有效度则越高。锦上添花之所以远不如雪中送炭使人铭感不已，顺境中的帮助之所以远不如逆境中的支持为人铭记难忘，就因为两者的需要度有悬殊的差别。

善于交往的人，大多具有善于发现别人的需要并适时地加以满足的能力。人们需要帮助的时候，你不帮助；人们不需要照顾的时候，你却大献殷勤，这样的交往再频繁，恐怕也都属不甚和谐的交往。

交往是一种艺术。掌握了交往的艺术，你的交往能力和人际关系水平就能大大提高。

第二节　社会人际交往絮语

在日常的人际交往中，善于寻找和积极肯定对方的积极因素，对和谐的人际关系的建立，是很重要的。从心理学的角度来说，人总是向上的，需要别人的肯定、赞赏；人又总是自尊的，需要别人的尊重，只有这样才能调动对方的积极因素，使事情向积极方面发展。反之，如果只注意对方消极因素、缺点和弱点，用责难、批评乃至训斥的口气，就会使相互间的距离越拉越大、相互间的信任和交往越来越少，要建立和谐、亲密的人际关系就无从谈起。

一、专家谈人际交往

1. 现代人际交往的新模式

香港大学心理学系彭泗清曾在报刊发表文章，谈人际交往的新模式。他认为：

没有规矩则不成方圆，正常的人际交往必须有一定的规则来制约。这种规则可能因社会文化的差异而有中西方的区别，也可能因时代的变迁而有古今的不同。

西方的人际交往重视功利，讲究法理，大都遵循公平交换的原则，金钱、物质、服务、情感等都可作为交换的资源。在交往之初，双方都不回避自己的利益需求，往往正式或非正式地订立明确双方权利与义务关系的平等契约，以使交往有规可循。

中国传统的人际交往注重道德，讲究人情，推崇一种"示范——回应"模式，认为人际交往的启动行为应是主动奉献，以身作则，即用自己的实际行动来提供一种"示范"。在文化理想中，示范行为是个人修养的一部分，应该真心诚意，持之以恒，不求回报，它是交往双方都应尽的义务，不以对方的回报为条件。

所以，在一定程度上，示范者应尽力履行自己的义务，而不要求自己的权利，这就是所谓的"施恩不图报"。同时，我国传统文化中也非常强调"见贤思齐"，即对他人主动奉献的示范行为要认真学习，积极回报，这种回应也可保证交往双方权益的实现。

示范行为的复杂性使得回应者首先要判断示范者的行为动机是为公还是为私，有无诚意。而且，回应者还往往要审势衡利，考虑与示范者的利害关系。例如，新同事突然请你去吃一顿，你怎么办？你可能首先要猜测一下他主动示好的动机何在，还是想做人情、拉拉关系？或者是为了利用你而来套近乎？不同的动机判断会使你作出不同的回应。另外，你也许还会考虑与他的势利关系，他如果是你的上司，你可能受宠若惊，如果是你的下属，你说不定要摆摆架子。

由于示范与回应方式的选取都存在多种可能性，因此，良好的示范——回应过程必须有高度的人际信任作保证。如果信任感被利用或遭到破坏，就可能出现热情奉献与坐享其成并存或者"你不仁，我也不义"的互相内耗的局面，还可能出现争权益而不尽义务、重索取而不愿付出的极端不道德行为。

当前社会中部分人对厚黑学的推崇，对"我是流氓我怕谁"的痞子习气的追随便是一例。这些人坑蒙拐骗，巧取豪夺，不仅背离了中国重奉献的传统美德，也违反了西方讲公平的交换准则，对人心和社会风气有极坏的影响。

所以，如果能将乐于助人的诚意、主动奉献的热情、注重公平的理性、捍卫个人正当权益的勇气有机地结合起来，我们就可期待着一种积极健康的人际交往新模式的出现。

2. 人际交往规则正在悄然改变

中国社会科学院社会学所李庆善在报刊撰文谈正悄然改变的人际交往规则。他认为：

急剧的社会变迁正改变着传统的人际关系格局，把人们由习惯的"熟人"关系推进不习惯的"生人"关系。人际交往的规则正在发生着变化。

传统的中国社会，维持人们和谐关系的交际规则很多，但最核心、最集中的是一个"报"字。汉语词典中的报恩、报效、报答、报酬、报偿、报应和报复等都是"报"这个交际规则的不同表述。

报，报恩惠对施受的交往双方来说都有一定的要求。它要求施恩者是个"仁人君子"，做到"施恩勿图，不思回报"，否则就会被视为"小人"、"假仁假义"；它要求受恩者"有恩必报，饮水思源"，并做到"滴水之恩，当涌泉相报"，否则就是"没良心"、"白眼狼"。在传统社会里，虽然也有人际间的恩恩怨怨，但靠一个"报"字基本上实现了人际和谐，保持了人际交往的长期性与稳定性。

现在，我们的社会正在走向商品社会，商业交易中的一些法则，如"精打细算"、"成本核算"、"等价交换"、"公平买卖"等，也悄然渗透到普通人的社会交往里来。人们不再笃守什么"施恩勿图"、"不思回报"的信条，而通行起"施恩图报"、"按利施惠"的法则；人们不再笃守"礼轻情重"、"滴水之恩当涌泉相报"等"报大于施"的习俗，而奉行"受多少惠，报多少恩"的"报施等值"的法则；人们不再报有"谁言寸草心，报得三春晖"之类的信念，而是实行"现施现报"、"勿施勿欠"、"及时结算"的法则。

毋庸讳言，在人际交往流行商业交易法则的过程中，产生了一些偏离商业文明的不公平现象。施恩者中有了"无恩求报"和"施一图十"的人；受恩者有了"知恩不报"、"多受少报"和"恩将仇报"的人。这些人为了"交往利润的最大化"而处处投机、钻营、占便宜。他们极易与周围的人发生摩擦、冲突，给他人带来苦恼，甚至陷入于人际困境。

应当指出，现时人们的人际苦恼，不但是由于遭到"精明人"的算计、上当受骗所致，更有广泛意义的是人们对于进入商品社会的精神准备不足，对于"生人"社会的交往格局缺乏清醒的认识，对于正在流行的商业社会的交往规则还不习惯，甚至不敢正视，不能认同。对传统的农业"熟人"社会交往规则，还一往情深，割扯不断，这就很容易在人际交往中生成许多困惑、惊讶、疑虑、冲突、不满和痛苦，造成许多恩怨、麻烦。

一般说，一个人有了人际苦恼而不能解脱，表明他的人际适应不良。而人际适应不良，从根本上说，是社会适应不良的反映。因此，个人要解除人际苦恼，就需要从根本上解决对社会的积极适应问题，而要适应社会，当务之急是要加强对现时社会，即为人际格局和流行的交际规则的洞察、分析、理解和本质的把握。有了这种成熟的认知，才能找到人际善处的策略、技能和诀窍。

二、人际交往的艺术

1. 学会欣赏别人

有人认为，在越来越个性化的社会交际中，"欣赏自己"已被越来越多的人们接受和应用。这本是一件好事，因为它起码表明了人已经开始注意个人在社会中的价值和作用，有利于个性的张扬和主观能动性的发挥。

可往往物极必反，"欣赏自己"到了一定程度就会发展成为极端的自私自利；发展到唯我独尊的骄横和霸道；发展到了"宁可我负人，不可人负我"的个性变态。这样"欣赏自己"最终会毁掉自己，失去别人的帮助，走向人生的黯淡、寂寞和孤独的泥潭。

学会欣赏别人，当然最好还是别做什么"追星族"、"追款族"，把欣赏变成崇拜，追星追款追得自己都找不到了，这样"欣赏"不是很悲哀吗？如果我们肯于把自己欣赏的目光从那些近似海市蜃楼般的"星系"中收回来，看看你身边这些你从来不曾欣赏过的人，你会发现，他们虽不如明星、大款那般被传媒"炒"得火爆，但他们却仍然认认真真地生活着，努力地工作着，真诚地与人打着交道。

他们在与人交往中所表现的同情、关切、微笑和互相帮助都是朴实而真切的。这些人就生活在你的周围，他们是你的亲人、朋友、同事和邻居，他们在你失败受挫时安慰你、帮助你；在你成功高兴时会鼓励你、赞美你；下雨时，他们会拉你同在一个屋檐下躲雨；刮风了，他们会为你披上一件御寒的风衣。这些人才是你真正应该欣赏的人。

或许他们身上也存在着各种各样的缺点和不足，他们烦恼时也会喊一喊、骂一骂，他们在背后也要议论别人的优点和缺陷，他们也喝酒、抽烟、打麻将，也有七情六欲。社会有多复杂，他们就有多复杂。但这些"恶习"谁能保证自己身上就没有呢？真正懂得交际艺术的人，是知道怎样用欣赏的目光把一堆粗树根变成艺术品，明白善意的批评也许会使恶魔变成美丽的天使。

善于理智欣赏别人的人，他总会得到更多人的欣赏和帮助，创造一个更适合个性发展的宽松、和谐又充满人情味的人际环境。

学会欣赏别人，会帮你成功。

2. 礼仪第一原则——尊敬原则

有人认为快速掌握繁多礼仪知识的秘诀是把握礼仪的四项基本原则：尊敬原则、适中原则、真诚原则、自律原则。把握了这四点，你就不会出太大的洋相。即使一些细节弄错了，也会得到谅解。

尊敬之心是礼仪的根本。这可以从古人创造的文字来看；繁体的"礼"

这个字的本意是指敬神，引申为尊敬。仪，容也，引申为形式、仪式。把一个人内心对自己、他人、集体、事业、社会、自然、民族、国家的尊敬之心通过得体的美好形式表达出来，这就是礼仪。

所以只有内心充满了敬意，你才会显得彬彬有礼。比如，在与人交往中，约会是常有的事。与人约会最重要的是守时。一个尊重自己、尊重他人的人是不会总让别人等候自己的。除非你有突发的紧急事务而又无法通知对方。

中国被世人称之为"礼仪之邦"，这是华夏子孙的光荣。对于一个文明社会来说，讲"礼仪"是维系社会运转的润滑剂，是维系社会健康的良药。但是润滑剂用滥了同样会影响社会的正常运转，良药服过了量无异于吞毒。有人曾讲过这样的事情：

一位司机酒后开车将行人撞死，自己也因此坐了班房。究其原因，就为了一个"礼"字。那天，他开车为朋友拉家具，那位朋友在感激的同时想起了"来而不往非礼也"的礼训，便设宴招待了这位司机。可偏偏这位司机又信奉"无酒不成宴"、"无酒不成敬意"的礼，虽明知酒后开车为法纪不容，但盛情难却，为了不失"礼"，只好自己给自己开了违法的绿灯。结果竟为一个"礼"字办了件终生遗憾的蠢事。

某县一位农民在邻居大办喜事的同一天，吞下农药离开了人世，他就是因为自己送不起礼，怕"失礼"被同村人看不起，甚觉脸上无光，无脸活在这个世上了，成了"礼"的殉葬品。

当人类将进入21世纪的时候，现实生活中，却还有一些人抱着封建礼教、礼规不放，既害了别人，也害了自己。邻居李大妈在儿媳妇面前总摆出当年自己那位婆婆的威严，照着数不尽的老礼来衡量儿媳妇的一言一行，家庭气氛紧张。

由此看来，随着时代的变迁，老祖宗留下来的"礼规"、"礼法"、"礼训"以及有关的一切传统做法都应该重新审度；中华民族的传统美德当然应当保留，但有的规则应该去其糟粕。对于有用的，用时需适时适度，而且用时有的应赋予其新的内涵。

三、寻找并肯定对方的积极因素

每个人在日常生活中、在工作或学习中，都会有积极因素和消极因素两个方面，只不过因各人的自身素质和所处的环境各异，两者所占的比例不同而已。

1. 肯定和鼓励对方

在人际交往中，学会寻找和充分肯定对方的积极因素能使你激发、鼓励和帮助他人建立自尊和自信，并带来和谐、愉快、亲密和合作的关系。从社会心理学的角度来说，人总是希望自己的言行和工作得到别人的充分肯定和赞赏，只有这样，才感到自身的价值与尊严。与此同时，又能增加自己对肯定与赞赏者的信任，促进彼此间亲密与合作关系的建立。

例如，就学校的班主任工作而言，如果对那些学习成绩差或纪律差的学生，总是找他们的毛病，不分场合的批评，就会使他们更加失去自信和自尊，对班主任失去信任、更加疏远。这样做，不但不利于这些差生的转变与进步，而且也不利于班主任威信的建立和班级工作的顺利开展，容易使师生关系紧张，甚至发生冲突。

如果采取相反的方法，积极寻找和充分肯定学生身上的积极因素，情况就会不一样。对学习成绩差的学生一次好的作业、一次好的回答都能及时发现，充分肯定或赞扬，就会使这位学生对学习重新树立信心，就会使这位学生恢复自尊、自信和对老师的信任与尊重。

对纪律差的学生也一样，对他们为集体做的一件好事、在纪律方面一点微小的进步都能及时发现、充分肯定或赞赏，就会使这些学生感到心情愉悦和有了努力的方向、感到老师对他们的关心和爱护，促使他们不断扩大自身的积极因素、减少消极因素，并且使师生关系变得融洽。

由此可见，充分寻找和肯定对方的积极因素，对和谐、健康的人际关系的建立有着重要的作用。充分寻找和肯定对方的积极因素的方法是多种多样的，但主要有两种：

第一种是寻找发现对方身上你所喜欢的或正确的言行。

在日常生活中，不应把别人有益的和令人愉快的日常行为看作是理所当然，而仅对那些无益的或特别有益的事才特别注意。在开始寻找别人或对方积极因素时，你的首要任务就是自觉地寻找其令你高兴、对你有帮助的普通的日常行为。例如，同事之间，对方能为你提供某一种你所需要的信息，秘书为你准备齐了第二天开会用的全部材料，邻居把楼道打扫得很

干净等。这些日常的行为，你都应看在眼里，记在心里。

第二是要通过一定的方式让对方知道他的行为使你感到愉悦。

对他人使你有益的言行，仅是看在眼里、记在心里还不够，还应寻找适当的机会、采取适当的方式表示出来，以表示自己注意到并赞赏对方的某一行为。这些方式大致有三种：一种是用动作表现出来，如微笑、点头、握手、招手等；一种是用语言表现出来，如"谢谢"、"好"、"太好了"、"真及时"、"真干净"等；另一种是用行动表现出来，如赠送礼物、请客、奖励、提升晋级等。

2. 恰当的赞誉才有效

一般来说，充分肯定对方的积极因素，主要是采取赞赏和表扬的方式。但这种方式要适度、有分寸、分场合。如果不分场合的赞扬，容易使对方窘迫和不知所措；如果赞扬之词华而不实，容易使对方产生虚伪之感；如果赞扬居高临下，容易使对方产生低人一等之感。总之，如果赞扬得不恰当，容易降低对赞扬者的尊敬，引起反感。

由此可见，赞扬方式直接影响赞扬的效果。而在赞扬的方式中，赞扬的用语又是至关重要的。当你要告诉对方你喜欢或赞赏他什么行为的时候，你可以从是否真诚、是否明确具体、是评价对方还是表明自己的看法这三个方面去衡量，这三个方面也就构成了赞赏用语的三个部分。

3. 赞誉要真诚

每个人都很珍视真心诚意，它是人际交往中最重要的尺度。如果你与人交往不是真心诚意的，那么，要与他人建立有效的人际关系是很难的。如果你赞扬他人时含糊其词，华而不实，可能会引起对方的窘迫、误解和混乱，倒容易使关系搞坏。用语越是具体明确，你赞扬的效果就越好。如果你是想评价他人或者是表明自己的看法，但没有明确评价或表明自己看法的原因，也会使别人感到突然和勉强。

赞扬性的用语是一种表明自己喜欢某人发生的某个具体行为的用语。这种用语不评价行为者，而是明确三个基本情况——你喜欢的具体行为，这种行为对你如何有帮助，你对这种帮助的结果有何感想。

例如："我很高兴你让我注意到了新的作息时间，否则我明天上学就要迟到了"；"我很感谢你审阅我的作文，并提出了你的建议，我已对作文重新做了修改，这对我的作文水平的提高非常重要"；"我现在更喜欢在办公室里备课了。自从你把办公室整理得这么整齐、干净，使人感到很舒畅"。

综上所述，赞赏用语是一种基于个人经历的表述，它不是对人的总体评价，而是阐述某个具体行为对你的影响。这种用语要求对引起你满意效果的言行作具体说明。这种用语应当真诚，与你想到的行为带给你益处时感受方式相一致。

有效的赞赏用语能使对方知道你赞赏的具体行为，知道他的行为对你有什么作用，知道你的感情，相信你的真诚，能使对方产生积极和受到鼓励的感觉。通过这种真诚的赞赏用语，可以增加他人的自信心，鼓励良好行为，还可以增进你自己和他人的良好感情。

4. 有条件的赞赏用语

上面所提到的赞赏用语一般是在对方的具体行为发生之后使用的。还有一种赞赏用语是在对方的具体行为发生之前使用的，被称之为"有条件的赞赏用语"。

在很多场合下，学生、下级或同学、同事想得到你的赏识、赢得你的信任，但又不知道你想什么、需要什么，这正是你使用"有条件赞赏用语"的机会。在这种情况下，不要让对方猜，也不要等满意的事偶然发生才让他知道你喜欢什么。

用"有条件赞赏用语"，你可以对你所喜欢的行为在其发生之前给以鼓励。要做到这一点，可以描述你所喜欢的具体行为对你的帮助及你对他的感觉。例如："某某同学，明天上午学校要检查卫生，如果今天下午下课后你能组织几个同学把我们教室打扫一下，提前做一些准备，那样就不会影响我们班明天第一节课的正常进行。"

"老师，在数学考试之前，如果你能给我们几天复习时间，我们就不会感到突然，考试成绩也一定会有所提高。"

"王秘书，如果你能把今年上面发的文件按类别整理好，让我用起来很方便，那我将非常感谢。"

这些表述之所以被称为"有条件赞赏用语"，是因为它们虽然含有赞赏用语的三个部分，但信息的实际效果和感受部分是基于对方某个具体行为将要发生的条件，而不是基于已经发生的行为。"有条件赞赏用语"，可在

177

你确信他人想做些让人高兴的事，但又不知道做些什么的时候使用。

四、善于倾听与恰当应答

在人际交往中，善于倾听对方的谈话。尤其是善于倾听带着某种情绪、心情不佳者的谈话，并作出适度的应答，反映了一个人的素养和交往技巧。当对方向你表达他的烦恼与不快时，最好的应答就是首先认真倾听，听清问题产生的前因后果、症结所在，搞清问题的情景。

1. 三种需要倾听的情况

第一种情况：对方的谈话表明问题是由你引起的。也就是说你与对方所谈的问题有关。例如："某某同学，你昨天没有锁上教室门就走了，我对此感到恼火！""小王，昨天你没有打招呼就不来给学生上课，我班同学有些意见。"在这种情况下，你不仅要倾听，而且你还要作一些其他表示，你需要对自己的行为做出承认、解释，或表示歉意。这时，你如果能认真倾听，准确地把握问题的症结，那么你就能作出恰当的应答。

第二种情况：对方找你谈话的目的是想得到你的帮助。例如："老师，尽管我复习很认真，可这次考试成绩还是没上去，我不知如何是好，您能给予指导吗？""医生，吃了这种药，我的病还是不见好转，还有什么更好的药吗？"在这种情况下，开始时，你仍需要认真地倾听，以便准确地理解对方所提出的问题。当你一旦理解问题的中心，尤其是此人对你的帮助具有合理的依赖性时，你根据对方的请求，表示在可能的情况愿意为他提供帮助，从而完成了你的应答。

第三种情况：对方所谈的问题与你没有联系，既不是责备你，也不是请求帮助，而只是向你诉说自己对某事的忧虑。这种情况在现实生活中是常见的。例如："我的孩子没能考上大学，我感到很烦。""我们老板又找来一个秘书，此人挺会来事，我今后不知如何是好。"在这种情况下，对方对你的要求就是认真地倾听，因为对方只是想发泄心中的不满或吐出心中的不快。

在这种情况下，你对此做出的应答或许能促进对方对所遇到的问题更深刻、更准确的理解，使对方受到启迪，从而帮助他解决所面临的问题；或许你应答得不恰当，会引起对方更多的问题与烦恼。

因此，在这种场合下，你应该做的首先是表现出对他的问题认真倾听，并给予关注和理解，以缓解他的不良情绪，接着再根据情况，尽可能地给予适当的启迪与帮助。

2. 六种错误的应答方式

在倾听遇到烦恼、心情不快的人谈话时，有几种应答方式如处理不当或用得不好，可能会起消极作用。

第一种是解答式应答。它往往表现在用指令性、说教性的方式来劝告对方，为对方提供解决问题的建议和办法。例如："你应该做的是……""我要是你的话，我就……""你对这件事做过尝试吗？"

解答式应答的潜台词是："我比你清楚。""我要对你关心，帮你解决问题。""我比你优越得多。"

人们往往不一定愿意按照他人的意图去解决自己的问题。如果劝告居高临下、含有优越感的意味，往往会使处于困境中的人感到被藐视。假如遇到麻烦的人对问题的理解程度要比你深刻，那么，你所提供的解决方式可能会不如对方选择的方法，而且对方很可能不好意思谢绝你所提供的解决办法，但如其结果又不尽人意，那么你或许会为此而受到责备。

第二种是强迫式应答。命令，居高临下，警告和威胁，均属于强迫式应答。例如："按我告诉你的那样去做！""如果你不能按我所说的去做，我将不得不……"

强迫式应答与解答式应答有相似之处，只不过更具有强制性和优越感，它因为不允许陷入困境的人考虑自己的选择，并试图一味地强迫对方做某件事，而容易使对方产生怨恨、抵触和消极情绪。

第三种是探究式应答。这种应答往往要求陷入困境的人谈及某些他没有说出的事情，或是要求他详细地描述问题的某一侧面。例如："你做了些什么才产生这个问题的？""你为什么会那样认为呢？"

当对方在坦露自己的问题时，以提问的方式做出应答是很普遍的，因为这表现了提问题的兴趣，并使陷入困境的人将自己的问题谈得更深更细。然而，提问把握了谈话的方向，使得提问者而不是陷入困境的人控制着谈话的方向，容易把交谈引向歧途。它常常使遇到麻烦的人不自觉地陷入一种应付的模式，机械地回答着你的每一个问题，而不是采取主动的态度去

解决自己的问题。有时这种应答也会使对方感到自己的隐私受到威胁，而隐蔽了实质性问题。

第四种是快慰式应答。这种应答往往表现出对对方同情、安慰、赞许的意向。例如："这件事你过去不是一直干得很好嘛"。"你应该看到自己所取得的成绩一面"等。这样的应答容易使陷入困境的人不能真实地看待自己的问题，使之不能深刻地谈及他所遇到的问题。

第五种是躲避式应答。这种应答往往偏离或变换主题，转移和分散注意力。例如："如果你觉得遇到了麻烦，那么你应该听听我的。""你所说的事倒让我想起了一件事，我很愿意告诉你。"

非语言式的举止，例如一些动作、漫不经心与注意力不集中、不理会地继续干自己的事，也属躲避式应答。躲避式应答往往表示对方所说的事与自己无关紧要，或漠不关心或爱莫能助。这种应答会使对方失望，并容易产生彼此间情感上的距离。

第六种是批评式应答。这种应答表现为责备、否定、为难等。例如："某某同学，你要是按照我的要求去做，也就不会出现这个错误了。""你怎么可以这样去想问题呢？""这个问题的出现难道不是你的责任吗？"批评式应答往往是把对方放在被动、低下的位置上，容易引起对方的怨恨、对立和抵触，使问题得不到深入的讨论，严重的还会危及到彼此间的关系。

既然上面六种应答方式容易引起消极作用，那么正确的应答方式应是什么呢？

首先，应该明确，大多数遇到麻烦和问题的人所需要的就是一位能给予理解的倾听者。在问题能为对方认识之前，倾听或许就是最有益的应答。倾听，或使身陷困境者摆脱其沉重的心情，转而探索问题，甚至有可能找到解决问题的方法。即使是对方需要你帮助寻找解决问题的办法，你也只有在经过认真倾听，直至完全理解问题后，才能提供良好的帮助。

3. 七种正确的应答方式

总而言之，当某人心情抑郁时，一般来说最好是（至少在开始阶段）去倾听而不是去指导，去顺应而不是去控制，去理解而不是去影响。在此基础上，你可以根据对方谈话的内容、谈话的气氛和谈话的需要作出不同而必要的应答。

这主要有以下几种：

第一种是请对方深入交谈某一个问题。

如果对方已坦率、直截了当地谈了某一个问题，当然就没有必要了。这主要是发生在对方很想深入谈这个问题，但又担心你对此无兴趣或担心你不愿花时间去听他谈。这时说几句鼓励的话，会有利于对方深入谈某个问题。如："如果你想具体谈的话，我乐意听"；"谈谈这件事好吗?""如果你有什么事要谈，这时很合适"；"请你接着往下说"等。

第二种是表现出注意听讲的身体语言。

身体语言是指你做出的任何可以看见的能向对方传递信息的举止。表现注意力集中的身体语言，传达着这样的信息：你正全神贯注听对方的谈话。例如：注视着说话者，表现了你正认真听对方说话；你的脸部表情可以传达你对问题的态度以及对说话者深表同情的情感；做出点头的动作即可表示你在专心听讲，并已有所理解。

第三种是适当地保持必要的安静与沉默。

显而易见，倾听者有必要保持安静，以便听到和理解他人说话的内容。在谈话中，如对方有时出现沉默现象，你最好不要匆忙插话，应首先搞清对方是在思考还是等待你的应答。假如他目不转睛地凝视着你，可能他此时需要你的应答；例如他注视着地面或四周，他可能在思考。此时你若是做出语言式的应答，就会打断他的思路。一种是发出一些表示注意的声音。

作为一名倾听者，有时做出一些简捷的表示，就会在没有谈话者思维的情况下，传递你对他的兴趣和注意。如"对"，"我听懂了"，"嗯"等。通过声调中这些表示注意的声音，还能表达你对说话者的同情心理。

第四种是顺应地提出问题。

有时你可能弄不清楚说话者所谈的内容，原因可能是漏听了某些重要的信息，或你不知道某一术语的含义，不能肯定被谈论的对象是什么身分，或没有听到和理解谈话。当这种情况发生时，有必要问一些有助于你搞清楚谈话内容的问题，但应注意所提的问题只是为了帮助你理解已经谈过的内容，而不是改变谈话的方向。

第五种是反映对方的情感。

当对方被某事搅得心烦意乱时，其沉重的心情会使整个问题笼罩一层乌云，使得他难以客观地看清事实，难以就问题做出明智的决策。对陷入

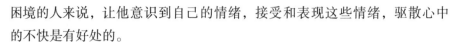

困境的人来说，让他意识到自己的情绪，接受和表现这些情绪，驱散心中的不快是有好处的。

一旦这样做了，他就能更为客观、更为有效地处置问题。作为倾听者，你是可以帮助这些身陷困境的人的，你可以去寻找那些用非语言形式所表达出的情感，用一种可接受的举止，反映这些情感。你可以说一些证明谈话者情绪的简单的话，并利用面部表情或那些能表现出你的认可、关心和同情的语调，传递这种感情。

例如："那一定使你受委屈了"，"我能看得出来这件事使你感到很难过"，"你对他似乎已失去信心"等。这些简单的句子并没有包含你判断谈话者情感正确或恰当与否的意思。倾听者可以不同意谈话人的情绪，但应该承认这种情绪存在的事实。陷入困境的人一旦知道了你对他所传递的情绪有所理解时，他会对你表示感激的。

第六种是简述。

当对方与你谈论某一问题，其用意显然是想要你理解这一问题。在尚未真正理解对方涉及的内容时，你可以使用前面所谈到的倾听应答和反映应答来加以应付。口里说你已理解，并不能表明你实际上已经理解。

对对方来说，若想完全有把握地知道你的理解程度，最容易的方法就是听你说出你所理解的东西。简述你认为你所理解的东西，就能展现你的理解程度，就能纠正你对谈话内容的误解。准确的简述也能促使陷入困境的人倾听用不同的词汇对相同问题的描述，或许会促使他从另一个角度来看待自己的问题。

例如，"请你稍等一下，我想看看自己是不是对你所说的话都已明白了，你刚才谈的主要是……"；"我能打断你一会儿吗？我想知道我是否已准确地理解你刚才谈话的内容，你刚才讲的是……"。

有时打断说话者也是一种重要的倾听技巧，这一点不足为奇。其实，说话者有时倒欣赏这种打断，这说明你很有兴趣准确地理解所交谈的内容。打断也不会导致谈话内容、主题或方向的改变，因为你所简述的恰好中止在刚才被打断的那一点上，因此说话者会很容易接上话题。

第七种是情感掩盖问题。

当谈话者表现出抑郁的心情时，在开始谈话时，就不会袒露其问题的要害部分，而是代之以说出某个相关的但又无关紧要的问题，以便"投石问路"，随后才转向真正的问题。最初的言语是说话者试探倾听者是否愿意接受自己，是否愿意倾听问题的方式。假如陷入困境的人对倾听者的应答感到舒畅，那么他就会袒露出深层的更有意义的问题。

良好的倾听者应顺应遭到麻烦者的问题，反映出他的情感，简述谈话的内容。这样就使得陷入困境的人能公开地表述自己的情感，探索事实，不断接近问题的实质，然后找到最令人满意的答案。而不能由倾听者来控制交谈的主导权，这样会改变谈话的方向，谈话者就不会去谈论真正的问题。

从以上几种情况可以看出，在双方谈话的过程中，尤其是谈话的开始，当遇到烦恼或陷入困境的人正体验着强烈的消极情感时，倾听技术和反映技巧的妥贴与正确，对谈话者的情感、谈话的内容、问题的深入探讨或解决，有至关重要的作用，也容易使双方之间缩短距离，情感上变得融洽。

第三节　人际交往礼仪心理测试

本节是六个经典的礼仪心理测试，通过测试看看你的礼仪交往能力和现有人际关系水平，进而知道自己的不足之处，以待继续提高。

一、人们喜欢你吗？

如果你大体同意下列某种说法，请答"是"；如果你倾向不同意，请答"否"。请答完全部试题。

1. 必须牢记与自己交往的人时时处处都在注意自己的一举一动。

2. 一个人与朋友交谈时，应能独立地畅所欲言，如开怀畅谈自己的爱好，不管朋友是否也有相同的爱好。

3. 即使很不想这么做，最明智的还是为了维护个人的体面而去做。

4. 如果在闲聊中听到别人说的话与事实有出入，就应发表自己的看法纠正这些说法。

5. 与不熟悉的人初次见面时，应尽可能地使自己显得聪明潇洒以便给人留下好印象。

6. 与别人初次介绍相识时，如果没听清对方的姓名，就应请介绍人再说一次。

7. 一个人要得到别人的尊重就得注意绝对不能成为别人的笑柄。

8. 一个人应处世谨慎，以免被旁人耍弄，被人笑话。

9. 与言谈幽默风趣才华四溢的人交谈时，应努力说些巧妙的话。

10. 一个人应时时注意自己的言行，使之与周围相处的人的情绪相吻合。

11. 一个人应帮助他的朋友，因为他将来总有一天可能会很需要朋友的帮助。

12. 帮人帮得太多是不值得的，因为说到底，有多少人会真正感激你？

13. 与其靠别人，不如让别人靠自己。

14. 真正的朋友对友人总是努力给以帮助。

15. 一个人应尽力使别人真正同意或赏识自己。

16. 在朋友聚会时，如果听见别人说一个自己以前听过的笑话，就应叫这个人别说这个笑话。

17. 在朋友聚会时，如果听见别人说一个自己以前听过的笑话，就应有礼貌地随大家一起开怀大笑。

18. 如果有人邀请自己去朋友家做客，但自己想去看电影，这时就应托辞自己头疼或别的一些借口不去，而不应直接讲出自己不想接受邀请的真实原因，以免伤了朋友的感情。

19. 作为一个真正的朋友，就应坚持要求与自己关系密切的人做对他们最有益的事，即使他们不想这么去做。

20. 当他人对自己的看法偶尔提出不同意见时，不应冒失地试图说服他人，并强硬地为自己的观点辩护。

答案：

1. （否）即使人们确实整天在注意你（他们当然不会这么做），你也不应把这放在心上。不自然的感觉会使你变得麻木僵化，还可能使你显得"虚伪"。

2. （否）让你的朋友感到有点厌烦是无关紧要的，（其实这也是朋友的价值所在），但你应适可而止。

3. （否）不惜任何代价来维护个人尊严只能使人们疏远你。例如，遇到好笑的事时，最好还是和人一起开怀大笑。

4.（否）最令人讨厌的人是那些经常指出你自相矛盾、逻辑混乱和犯错误等的人。除了非常重大的事情，人们有权从他人那里得到一定程度的宽容。

5.（否）人们一般对故意表现自己的做法都十分敏感，而且通常对这种做法反感。

6.（是）这样做表明你对这个人感兴趣，这个人也会为此感到高兴。

7.（否）虽然那些总是被别人当笑柄的人是可怜虫，但是受不了别人开玩笑的人则是太自负，很难广交朋友。

8.（否）与第7题的原因同。

9.（否）通常这种人希望听到的是赞扬而不是口才的较量。最好的原则还是"以你自己的本色去为人"。

10.（否）好朋友的美德之一是在方便的前提下，使自己与别人的情绪相合拍。但是，如果你总是这样谨小慎微地去迎合别人，别人就会认为你是缺乏个性的浮华的人。

11.（否）一个帮助朋友的动机应是想帮助他们。利己的动机只会使人对你反感。

12.（否）要想赢得朋友，不要关心别人是否喜欢你，而要注意你是否喜欢别人。

13.（是）你给予得越多，索取得越少，你就可能更受人欢迎——尽管愤世嫉俗者反对这一说。

14.（是）他帮助别人，但他并不期望或要求得到回报。

15.（否）与第5题的原因相同。

16.（否）最好还是保持沉默，让别人快活一下。

17.（否）这显得虚伪和小心眼多。勉强装出的笑容与傲慢的笑一样会使人们疏远你。

18.（否）坦率表明的是诚实，起码也能得到尊重。而站不住脚的借口比不说还要糟，这种借口会被人怀疑，此外，这种做法无论如何是不真诚的。

19.（否）想给以帮助是对的，但是不要唠叨不休。要容忍他人，容忍他人的一切，包括错误。以爱心来帮助他人，使他人受益。

20.（是）对有害的愚蠢行为和不合理的做法应该加以谴责。但是，这

并不是说每当有人不同意你的看法——特别是在一些无足轻重的小事上——你就应把别人顶回去。注意不要伤别人敏感的自尊心。要能真正说服对方，首先就得对对方的观点有所肯定。

每答对一题算 1 分。

成绩	分数段
优秀	86 ~ 100
良好	76 ~ 85
中等	60 ~ 75
不佳	0 ~ 59

二、你善于交际吗？

你善于交际吗？有人向你求教或者求助吗？别人容易与你相处吗？请回答以下六个问题，然后请计算一下你的分数。

1. 一位女朋友邀请你参加她的生日晚会。可是，任何一位来宾你都不认识。

a. 你非常乐意地去认识他们。

b. 你愿意早去一会儿帮助她筹备节目。

c. 你借故拒绝，告诉她说："那天已经有别的朋友邀请过我了。"

2. 在街上，一位陌生人向你询问到火车站的路径，这是很难解释清楚的，况且，你还有急事。

a. 你让他去向远处的一位警察打听。

b. 你尽量简单地告诉他。

c. 你把他引向火车站的方向。

3. 你表弟到你家来，你已经有两个月没有见到过他了。可是，这天晚上，电视上有一部非常精彩的电影。

a. 你关上电视机，让表弟看你假期中的照片。

b. 你说服表弟与你一块儿看电视。

c. 你让电视开着，与表弟议论。

4. 你叔父给你寄来了钱。

a. 你把钱搁在一边。

186

b. 你和你的朋友们小宴一顿。

c. 你买一些东西，如：油画、一盏漂亮的灯、墙上要裱的纸，装饰一下你的卧室。

5. 你的邻居要看电影去，让你照看一下他们的孩子。孩子醒后哭了起来。

a. 你关上卧室的门，到餐厅去看书。

b. 你把孩子抱在怀里，哼着歌儿想让他入睡。

c. 你看看孩子是否需要什么东西。如果他无故哭闹，你就让他哭去。终究他会停下来的。

6. 如果你有闲暇，你喜欢干些什么？

a. 与朋友一起看电影，并与他们一起讨论。

b. 到商店里买东西。

c. 呆在卧室里听唱片。

答案：

题号	选择结果与对应的分数		
	A	B	C
1	2分	3分	1分
2	1分	2分	3分
3	3分	2分	1分
4	1分	3分	2分
5	1分	3分	2分
6	3分	2分	1分

测试结果：

14～18分：你非常善于交际。你的伙伴们非常爱你，这是可以理解的。你总是面带笑容，为别人考虑的比为你自己考虑的要多。朋友们为有你而感到幸运。

8～13分：你不喜欢独自一个人呆着，你需要有朋友围在身边。你非常喜欢帮忙……如果这不花费你太多的精力的话。比起爱来说，你更加寻求被爱，但这是不够的。

8分以下：注意，你置身于众人之外，仅仅为自己而活着。你是一位利己主义者。不要奇怪为什么你的朋友这样少，从你的贝壳中走出来吧。

三、你懂得交谈礼仪吗？

不善于与人交谈，常常容易引起纠纷或误会。每一个人与别人交往的要求都不同，每一个人表达自己及领会他人的意思的本领也因人而异。你想知道自己与人交谈的能力吗？不妨测试一下：

1. 你是否时常觉得"跟他多讲几句也无意思"？

a. 强烈肯定

b. 有时

c. 绝对否定

2. 你是否觉得那些太过于表现自己感受的人是肤浅的和不诚恳的？

a. 强烈肯定

b. 有时

c. 绝对否定

3. 你与一大群人或朋友在一起时，是否时常觉得孤寂或失落？

a. 强烈肯定

b. 有时

c. 绝对否定

4. 你是否觉得需要有时间及一个人静静地才能清醒一下和整理好思路？

a. 强烈肯定

b. 有时

c. 绝对否定

5. 你是否只会对一些经过千挑百选的朋友才吐露自己的心事？

a. 强烈肯定

b. 有时

c. 绝对否定

6. 在与一群人交谈时，你是否时常发觉自己在东想西想一些与谈论话题无关的事情？

a. 强烈肯定

b. 有时

c. 绝对否定

7. 你是否时常避免表达自己的感受，因为你认为别人不会理解？

a. 强烈肯定

b. 有时

c. 绝对否定

8. 当有人与你交谈或对你讲解一些事情时，你是否时常很聚精会神地听下去？

a. 强烈肯定

b. 有时

c. 绝对否定

9. 当一些你不太熟悉的人对你倾诉他的生平遭遇以求同情时，你是否觉得不自在？

a. 强烈肯定

b. 有时

c. 绝对否定

答案：

题号	选择结果与对应的分数		
	A	B	C
1	3分	2分	1分
2	3分	2分	1分
3	3分	2分	1分
4	3分	2分	1分
5	3分	2分	1分
6	3分	2分	1分

测试结果：

22～27分：这表示你只有在极需要的情况下才同别人交谈，或者对方与你志同道合，但你仍不会以交谈来发展友情。除非对方愿意主动频频跟你接触，否则你便总处于孤独的个人世界里。

15～21分：你大概比较热衷跟别人做朋友。如果你与对方不太熟识，你开始会很内向似的，不太愿跟对方交谈。但时间久了，你便乐意常常搭话，彼此谈得来。如果你的得分接近21那边，则表示越接近孤僻的性格。

9~14分：这表示你与别人交谈不成问题。你非常懂得交际，轻易产生一种热烈气氛鼓励人家多开口，彼此十分投合。

四、你的人缘如何？

我们常常羡慕一些人，这些人的人缘好，他们给人们带来的总是欢笑和愉快。可是有些人却相反，这些人总是显得形影相吊，落落寡合，人们都不愿意同他们打交道。

你的人缘怎么样？请试着回答下面15个由心理学家提出的问题。

1. 你最近一次交朋友，是因为：

a. 你发现这些朋友令人愉快、高兴。

b. 他们喜欢你。

c. 你认为不得不结交。

2. 当你度假时，你是否：

a. 通常很容易就交到了朋友。

b. 喜欢独自一个人消磨时间。

c. 希望交到朋友，可是发现难以做到。

3. 你已经与朋友约会，可是你却疲惫不堪，这时你会：

a. 不赴约了，希望朋友会谅解你。

b. 去赴约，并且尽量玩得高兴。

c. 去赴约，但向朋友询问如果我早些回家他（或她）是否介意之类的问题。

4. 你和你的朋友能友好多久？

a. 大多数都能多年。

b. 长短不等，志趣相投者可以多年。

c. 一般都不久，你不断地弃旧交新。

5. 一个朋友向你吐露了一件极有趣的个人问题，你常常：

a. 努力使自己不再把这件事情告诉别人。

b. 没有考虑是否要把这件事情告诉第三者。

c. 当这个朋友刚离开，便立即找了第三者来加以讨论。

6. 当有了困难的时候，你：

a. 通常总是感到能够自己解决。

b. 向可信赖的朋友求助。

c. 只是当困难确实难以克服时才向朋友求助。

7. 当你的朋友们有困难时，你发现：

a. 他们来找你请求帮助。

b. 只有与你关系密切的才向你求助。

c. 他们不愿意来麻烦你。

8. 你通常都是这样来结交朋友：

a. 通过已经认识的人。

b. 从各种各样的接触中。

c. 只有在经过长时间和困难的情况下。

9. 作为你的一个朋友，下面三种品质中，哪一种最重要？

a. 具有能够使人感到幸福快活的能力。

b. 看来很诚实可靠。

c. 对你感兴趣。

10. 下面哪种情况与你最相似：

a. 我总是使人们哈哈大笑。

b. 我总是使人们有所思索。

c. 人们和我在一起感到舒适自在。

11. 如果有人请你去玩或者在聚会上唱歌，你往往：

a. 找个借口推辞掉。

b. 饶有兴致地欣然应邀。

c. 断然回绝。

12. 你属于哪一种情况？

a. 我喜欢赞扬朋友的优点。

b. 我相信诚实，所以，有时候我不得不指责他。

c. 我既不吹捧奉承朋友，也不批评苛责朋友。

13. 你发现：

a. 你只能同与你趣味相同的人友好相处。

b. 一般说来你几乎能同任何人都合得来。

191

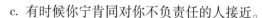

c. 有时候你宁肯同对你不负责任的人接近。

14. 如果朋友们搞你的恶作剧，你：

a. 和他们一起大笑。

b. 感到生气并发怒。

c. 看你的心情和环境如何，也许和他们一起大笑也许生气并发怒。

15. 对于他人对你的依赖，你感觉如何？

a. 笼统地说，我不介意，可是我希望我的朋友们能有一定的独立性。

b. 很好，我喜欢被人依赖。

c. 避而远之，对于一些责任我宁肯侧身其外。

答案：

题号	选择结果与对应的分数		
	A	B	C
1	3分	2分	1分
2	3分	2分	1分
3	1分	3分	2分
4	3分	2分	1分
5	2分	3分	1分
6	1分	2分	3分
7	1分	2分	3分
8	1分	3分	2分
9	3分	2分	1分
10	2分	3分	1分
11	2分	3分	1分
12	3分	1分	2分
13	1分	3分	2分
14	3分	1分	2分
15	2分	3分	1分

测试结果：

如果你的分数在 36 ~ 45 分之间，说明你的人缘很好；分数在 26 ~ 35 分之间，说明你的人缘中等；分数在 15 ~ 25 分之间，你可能是一个相当孤僻的人。当然，这并不一定就是坏事，或许你对广泛交友本来就不感兴趣。但是，如果你确实想把自己的人缘搞得好一点，那么，你就需要改善一下与周围人们的关系了。

五、你善于与人相处吗?

下面 15 个问题能帮助你检查与人相处的能力如何。请如实选择回答，然后对照答案计算分数。

1. 当你和朋友两地长久离别时，你和他:

a. 通信密切。

b. 开始时密切，渐渐淡漠，最后中断联系。

c. 有事时和逢年过节写信。

2. 当你到一个新单位或新环境时会感到:

a. 很容易和周围人愉快相处。

b. 不想过多来往，但愿与周围人保持一般关系。

c. 想交朋友，但感到困难。

3. 你已约好和别人见面，但感到很疲倦。这时已无法通知对方改期，你会怎样?

a. 失约不去，希望对方谅解你。

b. 愉快前往。

c. 应约前往，但见面后你想早些回去。

4. 你和朋友的关系保持多久?

a. 大都是多年以上。

b. 要看情况而定，有共同点的可以保持多年。

c. 一般都不太久，常有变化。

5. 当朋友向你透露他个人的有趣私事后，你会:

a. 约束自己不告诉别人。

b. 根本没想到要告诉别人。

c. 很快对别人津津乐道。

6. 当你有困难时，你会:

a. 总认为自己有能力妥善处理。

b. 找可靠的朋友帮助你。

c. 只有碰到严重困难时才找朋友。

7. 当你周围的人有困难时，他们会：

a. 找你帮助。

b. 只有亲密的朋友才找你帮助。

c. 他们不愿来找你，怕麻烦你。

8. 你往往和哪种人最容易相处？

a. 和已经了解的人。

b. 各种人。

c. 和相处很久的人，但往往感到很困难。

9. 你认为作为一个朋友最重要的特点应该是什么？

a. 能使你感到快乐。

b. 可靠。

c. 对你关心。

10. 你在和别人相处中，能使他们：

a. 充满笑声。

b. 感到拘束。

c. 感到随和愉快。

11. 在联欢会或晚会上，如果大家要求你参加游戏和表演节目，你会怎样？

a. 表示歉意，婉言推辞。

b. 愉快答应。

c. 当即谢绝。

12. 你对周围人的态度是：

a. 总是称赞他们的优点和能力。

b. 总是对他们的缺点不满。

c. 既不阿谀奉承也不挑剔指责。

13. 你善于和哪种人相处？

a. 只能与自己有共同爱好的人。

b. 一般能与各种人。

c. 愿意和不爱过问自己私事的人。

14. 如有人和你开玩笑，你会：

a. 和他一起大笑起来。

b. 感到不快，并表示出来。

c. 要看当时情况和情绪，可能 a 也许 b。

15. 如果别人老是依赖你，你会怎样？

a. 能够帮助，但希望对方加强独立性。

b. 很高兴，总是尽力帮助。

c. 对他提防，尽量少担当责任。

答案：

题号	选择结果与对应的分数		
	A	B	C
1	2分	1分	3分
2	3分	2分	1分
3	1分	2分	3分
4	3分	2分	1分
5	2分	3分	1分
6	1分	2分	3分
7	3分	2分	1分
8	2分	3分	1分
9	1分	2分	3分
10	2分	1分	3分
11	2分	3分	1分
12	2分	1分	3分
13	1分	3分	2分
14	3分	1分	2分
15	3分	2分	1分

测试结果：

36~45 分：表明你能和周围人和睦相处，朋友很多，群众关系好，并从中享有生活乐趣。

26~35 分：表明你基本上平易近人，但别人和你在一起时常会有拘束感觉。

15~25 分：表明你不太合群，对人不够平易热情，有必要改变这种状况。

六、你有礼仪涵养吗？

在我们这个复杂的、人口过剩的世界里，人与人之间由于物质上和心理上的争斗常常把别人的缺点、过失扩大。因此，涵养是一种使我们得以平安、和睦地生存在这个充斥着形形色色的行为与念头的人世上的基本品质和基本才能，而且还同狭隘有限的社会经历有关。然而，发现别人没有涵养并非难事，难的是正确认识自己的涵养。

1. 当你的朋友做出你极不赞成的事时：

a. 你会跟他断绝来往吗？

b. 你会把你的感受告诉他，但仍然和他保持友谊吗？

c. 你会告诫自己此事与自己无关，同他的关系依旧吗？

2. 你很难宽恕严重伤害过你的人吗？

a. 是的，很难原谅他。

b. 不是，可以原谅他。

c. 宽恕他不难，但不会忘记此事。

3. 你认为：

a. 为了维护道德标准而指责别人是完全必要的吗？

b. 在一定程度上指责别人是必要的吗（如：从爱护的角度出发）？

c. 不应该指责别人吗？

4. 你多数朋友在性格上：

a. 都和你很相像吗？

b. 与你不同，而且他们之间也彼此不同吗？

c. 与你大体上相同吗？

5. 在外玩耍的孩子使你不能集中精力工作时：

a. 你会因孩子玩得快乐而高兴吗？

b. 你会对他们发脾气吗？

c. 你会感到心烦吗？

6. 若出国旅游时发现那里卫生条件很差：

a. 你很快就能适应吗？

b. 你对自己所处环境一笑置之吗？

c. 你认为这个国家太不讲卫生吗？

7. 你认为下列哪种品质最重要？

a. 仁慈。

b. 正直。

c. 顺从。

8. 你同别人（批评性地）议论你的朋友吗？

a. 经常。

b. 很少。

c. 有时。

9. 如果你所讨厌的人交了好运：

a. 你觉得烦恼或忌妒吗？

b. 你不太在乎，但觉得这好运要是交到你身上该多好，对吗？

c. 你认为此事对他确实是件好事，对吗？

10. 你属于哪种情况？

a. 尽量使别人按照你的信条看待或对待事物。

b. 对不同的事物提出自己的观点或意见，不会为此同人争论或尽量说服他人。

c. 别人不直接问你，你便不会主动说出自己的观点。

11. 你某一个朋友的生活看上去很不错，可他总是对你抱怨说他感到沮丧，你：

a. 同情他的述说吗？

b. 劝他要振作起来吗？

c. 同他出去散散心吗？

12. 你可能雇用一个精神崩溃、意志消沉、身体状况不佳的人吗？

a. 不会。

b. 如果能证明经过一段时间的治疗确能康复的话，会雇用的。

c. 只要他能做一些适合他的工作，会雇用他的。

13. "道德是相对的"：

a. 你完全同意这种说法吗？

b. 只是基本上同意吗？

c. 根本不赞成这种说法吗？

14. 当你碰到有人不赞成你的观点时：

a. 你会同他争论或发脾气吗？

b. 你喜欢争论，但能保持冷静，是吗？

c. 你避免同他争论吗？

15. 你阅读那些同你观点不同的刊物吗？

a. 从来不看。

b. 如果碰到的话也可以看看。

c. 看，而且还有特别的兴趣。

16. 你最赞成下列哪种说法？

a. 如果对犯罪行为惩办得严厉一些，犯罪分子就会减少。

b. 社会的状况好一些，相应的犯罪就会少一些。

c. 我认为了解犯罪者的心理最重要。

17. 你是这样认为的吗？

a. 制定一些准则，对社会中人们的行为加以控制是必要的，但越少越好。

b. 人必须有规可循，因为人需要控制。

c. 对人加以限制是暴虐，而且是残酷的。

18. 如果你是信仰宗教的：

a. 你认为你的信仰是唯一正确的吗？

b. 各种信仰都是有一定道德的吗？

c. 你认为不信教的人就是罪人吗？

19. 如果你不信教：

a. 你认为宗教信徒都是愚蠢的人吗？

b. 你认为信教都是危险的、有害的吗？

c. 你认为信教仅对某些人是有好处的吗？

20. 你对有些上岁数人的大惊小怪或瞎操心的反应是：

a. 耐心地听。

b. 心烦。

c. 有时是 a，有时是 b。

21. 你认为妇女解放运动：

a. 是被一伙搞同性恋的女人所控制的吗？

b. 夸大一点说，是一个重要的社会运动吗？

c. 是玩笑吗？

22. 你会同一个不同种族或民族的人结婚吗？

a. 会的。

b. 不会。

c. 未经仔细考虑某些具体问题之前，是不会的。

23. 如果你的同事告诉你他是同性恋者：

a. 你会把他送到精神病医生那里去吗？

b. 你对他以及他的同性恋伙伴表示认可吗？

c. 你会感到震惊并抛弃他吗？

24. 当比你年轻的人对你产生怀疑，同你争论时：

a. 你感觉不自在吗？

b. 你认为这是件好事吗？

c. 你感到生气吗？

25. 你赞成哪种说法？

a. 结婚举行婚礼是坏习俗。

b. 结婚举行婚礼实际上是宗教性质的，但又必须坚持的仪式。

c. 结婚举行婚礼是件麻烦的事，但又适应很多人的需要。

26. 你认为你是正确的吗？

a. 经常。

b. 很少。

c. 从不。

27. 如果你暂住在与你的家庭生活习惯完全不同的人家：

a. 你能很高兴地去适应这一切吗？

b. 你会因为你住的地方混乱，无秩序或过分要求整洁而感到恼火吗？

c. 你觉得自己在短时间内还可以忍受，但时间一长就难以维持了吗？

28. 别人的生活习惯会使你厌烦吗？

a. 经常。

b. 一点也不。

c. 有时。

29. 你最赞成下面哪些说法？

a. 我们不应当对别人的行为妄加评论，因为没有人能够完全理解另一个人的行为动机。

b. 人们应该对自己的行为负责，并承担后果。

c. 我们应该对别人的行为做出评价。

题号	选择结果与对应的分数			题号	选择结果与对应的分数		
	A	B	C		A	B	C
1	4分	2分	0分	16	4分	2分	0分
2	4分	0分	2分	17	0分	4分	4分
3	4分	0分	4分	18	4分	0分	4分
4	4分	0分	2分	19	4分	4分	0分
5	0分	4分	2分	20	0分	4分	2分
6	0分	0分	4分	21	4分	0分	4分
7	0分	2分	4分	22	0分	4分	2分
8	4分	0分	2分	23	2分	0分	4分
9	4分	2分	0分	24	0分	4分	2分
10	4分	2分	0分	25	4分	4分	0分
11	0分	4分	2分	26	4分	0分	2分
12	4分	2分	0分	27	0分	4分	2分
13	0分	2分	4分	28	4分	0分	2分
14	4分	0分	2分	29	0分	4分	2分
15	5分	2分	0分				

测试结果：

30分以下：你是一位很有涵养的人。你能够充分意识到别人面临的困难，理解他们的难处，甚至当他们冒犯或伤害了你的感情的时候，你仍能对此表示谅解。对别人来说你是受欢迎的，会成为大家的好朋友，有些人也可能会辱骂像你这样富有同情心和善良的人。尽管如此，你仍不会同他们发生真正的争执。

31～60分：你是一位有涵养的人，起码人们认为你是这样，如果你的分数高于50分，那你或许只是在某些方面有涵养，容得下不同意见。实际上，一个若不死守着自己的信条，表现出一点涵养并不是件难事。再浏览一下试题，分析一下你选择的内容。看看是否只考虑了自己的利益或过于深信自己，是否过分地坚持自己的意识。

61～89分：你不如多数人那样有涵养。如果你的分数高于80分，那基本上可以说你已属于缺乏涵养之列，你同朋友的友谊不会持续太久，这还意味着一点点小小的麻烦也会使你感到苦恼，你实际上在许多没有价值的微小事物上浪费了许多的感情，你很可能以为自己是一个高度坚持原则的人，如果你能把自己的生活、经历再扩展一些，与人们的交往再多一些，你的涵养度数是会降下来的，最终你会为此感到欣慰。

90分以上：你相当缺乏涵养。如果你的分数高于100分，你就是一个专横霸道、固执己见并易于冒犯别人的人。你能保留住的唯一朋友不是对你的钱财感兴趣的人，就是一个真正有涵养的人。你不妨问问自己，为什么不能容忍别人对你做错事，为什么不理解别人犯错误的原因。你对自己的错误和缺点也是持这样的态度吗？